美军网络空间作战概念及战略法规体系研析

郭　海　张　玲　叶　星　尹　晗　著
罗　仙　刘力平　杨晓姣　王天宇

电子工业出版社
Publishing House of Electronics Industry
北京·BEIJING

内 容 简 介

本书以美军网络空间作战概念、美国网络空间安全战略、美国网络空间安全法规标准为重点，共分三篇。第 1 篇对美军作战概念的体系构成、发展特点，特别对网络空间作战概念内涵、演进及其与其他作战概念之间的关系进行了分析，并重点研究了"网络威慑""前沿防御""分层网络威慑""前出狩猎"等新近网络空间作战概念。第 2 篇基于美国 2011 年以来发布的网络空间战略政策文件，体系梳理了 70 余份战略政策，构建了"三层两维"的美国网络空间战略政策体系，并展开介绍了美国国家层面、美国国防部层面、美国国防部下属部门层面重点的战略政策。第 3 篇立足于美国网络空间法规标准的成体系研究，对美国政府网络空间安全领域法规指南及美军相关条令体系进行全面总结，并分析重点法规指南及条令的主要内容及现实意义。

本书可为从事政策制定、战略理论研究、科技情报分析等相关工作，或关注大国网络空间安全建设发展的读者提供参考。

未经许可，不得以任何方式复制或抄袭本书之部分或全部内容。
版权所有，侵权必究。

图书在版编目（CIP）数据

美军网络空间作战概念及战略法规体系研析 / 郭海等著. —北京：电子工业出版社，2023.12
ISBN 978-7-121-46753-0

Ⅰ.①美… Ⅱ.①郭… Ⅲ.①信息战－研究－美国 Ⅳ.①E866

中国国家版本馆 CIP 数据核字（2023）第 225762 号

责任编辑：徐蔷薇　　　文字编辑：赵　娜
印　　刷：北京天宇星印刷厂
装　　订：北京天宇星印刷厂
出版发行：电子工业出版社
　　　　　北京市海淀区万寿路 173 信箱　　邮编：100036
开　　本：720×1000　1/16　　印张：13　　字数：181 千字
版　　次：2023 年 12 月第 1 版
印　　次：2024 年 4 月第 2 次印刷
定　　价：88.00 元

凡所购买电子工业出版社图书有缺损问题，请向购买书店调换。若书店售缺，请与本社发行部联系，联系及邮购电话：(010) 88254888，88258888。
质量投诉请发邮件至 zlts@phei.com.cn，盗版侵权举报请发邮件至 dbqq@phei.com.cn。
本书咨询联系方式：xuqw@phei.com.cn。

序言

当前，网络空间作为"第五作战域"，已成为多维作战空间跨域融合的关键。美军将网络空间作战作为"低烈度"对抗设想下实施"综合威慑"的重要选项，将网络空间能力建设视为其赢得大国博弈及地缘政治冲突优势的关键要素，加强顶层谋划和体系布局，持续推进网络空间实战能力建设。

实践需要理论指导，而作为互联网发源地和前沿网络技术聚集地的美国，在网络空间作战理论指导方面具有显著的先发优势，通过理论创新积极引领网络空间作战能力建设，走在了世界前列。

本书作者对美军网络空间作战概念及战略法规体系进行了长期的跟踪研究，基于对大量开源资料的搜集整理和研究分析，总结提炼出了相关专题研究成果，基本涵盖美军重要的网络空间作战概念、战略政策和条令法规，并分析了其形成流程机制、特点影响等，提出了一些独到见解，体现了认真的治学态度和一定的学术功底。

本书的第一个特点，是从理论分析的体系视角出发，整体搭建美军网络空间概念、战略、法规的逻辑框架，注重体系内各要素的内在关联和体系角色，避免孤立地看待事物，力求帮助读者形成全面立体的认知。

本书的第二个特点，是从理论分析的发展视角出发，把握军事理论是动态的、发展的这一认识，在紧扣历史演进脉络的同时，注重研究内容的时效价值，合理选择标志性的概念和代表性的文件进行重点分析，解读历史时代背景和前后迭代关系，有助于读者深刻认识。

本书的第三个特点，是从理论分析的实践视角出发，结合美军网络空间概念、战略、法规等理论的实施情况和影响效果，对顶层设计的现实意义进行了分析解读，赋予了理论研究更大的价值和更强的生命力。

总结而言，本书逻辑清晰、内容翔实，为关心美军网络空间作战理论问题的读者提供了有益的参考，值得向大家推荐。

中国工程院院士

2023 年 5 月于北京

前言

　　网络空间正成为国家实力的重要杠杆，也是战略优势的源泉。全球安全态势的每一次变化及技术浪潮的演进，都推动着人们对战争模式的思考，也促进了新的概念、组织、装备等作战能力的生成。现代战争强调"体系"，建立全面、前瞻的顶层指导体系，界定基本概念、确立基本制度、明确基本权责，是统筹战争的重中之重，也是擘画未来战争走向的关键。

　　美国在网络空间领域的"体系化"建设一直是全球关注的重点。在军事理论研究方面，美军长期以来将作战概念创新作为推进国防和军事能力建设的关键要素，并在联合作战和军种层面构建概念体系，以其超前的思维创造新型作战模式，研发颠覆性技术和装备，打造制胜优势。近年来，美军在网络空间领域不断推出战略性概念，直接指导网络作战。在战略布局方面，美国是全球率先出台国家网络安全战略的国家，以强化谋求网络空间主导权。目前，美国已建立了谱系完善、政策成熟的网络空间安全战略体系，为其网络安全发展和军事网络力量建设奠定了基础。在法规制度建设方面，美国已形成了世界上网络安全领域数量最多、内容最全的法规条令体系，约束、指导和强化了美国在网络空间的各类行为。

美军网络空间作战概念及战略法规体系研析

  本书分为理论篇、战略篇和法规篇，聚焦美国网络空间，选择概念、战略、法规三大类"指导性"体系作为研究对象，对其背景起源、基本内涵进行了全面梳理；对其发展演变、特点影响进行了深度分析，利用清晰的图示一目了然地呈现体系构成；在梳理总结事实的基础上，对其实施与应用效果也进行了大量的列举和分析。对读者全面、系统地了解美军网络空间作战概念，以及美国网络空间战略、法规体系有现实的参考意义。

  顶层指导重在统一思想核心、解决关键问题、构建整体规范。研析先进国家的思想核心，是启迪我们未来"做什么、怎么做、为什么做"的重要一环。衷心希望本书能够为从事政策制定、战略理论研究、科技情报分析等相关工作，或关注大国网络空间安全建设发展的读者提供些许帮助。

  当然，美军政策的更新变化很快，书中难免存在不及时或不完备之处，敬请大家批评指正。

作 者
2023 年 4 月于北京

理论篇
美军新近网络空间作战概念研究

第 1 章　美军作战概念概述
　　1.1　作战概念的基本定义　　/003
　　1.2　作战概念的历史发展及阶段特点　　/004
　　1.3　作战概念体系的构成　　/006
　　1.4　作战概念的生命周期及开发过程　　/009

第 2 章　网络空间作战概念概述
　　2.1　对网络空间作战概念的认识　　/015
　　2.2　网络空间典型作战概念的基本内涵及演进　　/017
　　2.3　联合作战概念的基本内涵　　/019

第 3 章　网络威慑
　　3.1　西方威慑概念的定义及分类　　/025

3.2　网络威慑概念的起源　　/026
　　3.3　网络威慑机制的应用及效果　　/027

第 4 章　前沿防御
　　4.1　前沿防御的起源　　/035
　　4.2　理解前沿防御概念的基本内涵　　/037
　　4.3　美军实施前沿防御概念开展的相关行动及影响　　/040

第 5 章　分层网络威慑
　　5.1　分层网络威慑的背景　　/044
　　5.2　分层网络威慑的基本内涵及主要内容　　/045
　　5.3　分层网络威慑的特点　　/050
　　5.4　分层网络威慑的实施情况　　/052

第 6 章　前出狩猎
　　6.1　前出狩猎的背景　　/056
　　6.2　前出狩猎的基本内涵　　/057
　　6.3　前出狩猎行动的特点　　/059
　　6.4　前出狩猎的技术基础　　/061
　　6.5　前出狩猎的主要影响　　/062

本篇结语　　/063
本篇参考文献　　/064

02 战略篇
美国网络空间战略体系研究

第 7 章　美国网络空间战略政策发布机构及体系
7.1　美国网络空间战略政策发布机构　　/067
7.2　美国网络空间战略政策体系划分　　/070

第 8 章　美国国家及联邦政府网络空间战略政策
8.1　顶层指导战略　　/073
8.2　子层推进战略　　/082

第 9 章　美国国防部网络空间战略政策
9.1　顶层指导战略　　/093
9.2　子层推进战略　　/097

第 10 章　美国国防部下属部门网络空间战略
10.1　顶层指导战略　　/108
10.2　子层推进战略　　/111

本篇结语　　/125
本篇参考文献　　/129

03

法规篇
美国网络空间法规体系研究

第 11 章　美国网络空间安全法规条令体系
　　11.1　美国网络空间安全法规条令体系划分　/133
　　11.2　美国网络空间相关法规制定发布流程　/136

第 12 章　美国国家及联邦政府网络空间重点法规
　　12.1　重点法规概览　/142
　　12.2　主要特点分析　/152

第 13 章　美国网络空间部门机构重点法规
　　13.1　美国国防部（DoD）法规条令　/154
　　13.2　美国国家安全系统委员会（CNSS）重点法规　/162
　　13.3　美国国家标准与技术研究院（NIST）重点标准　/165
　　13.4　美国国家安全局（NSA）重点指南　/173
　　13.5　美国网络安全与基础设施安全局（CISA）重点法规　/177
　　13.6　美国国防信息系统局（DISA）重点法规　/180

第 14 章　美军参联会及军种级条令
　　14.1　参联会条令　/182
　　14.2　军种级条令　/186

本篇结语　/195
本篇参考文献　/196

01

理论篇
美军新近网络空间作战
概念研究

美军网络空间作战概念及战略法规体系研析

作战概念是战争设计的起点,用于指明未来战争的方向与行动路径,其以新理念为核心,着眼应对当前与预想的各类威胁,在未来安全环境中实现战略目标。美军长期以来将作战概念创新作为推进国防和军事能力建设的关键要素,随着国际格局的变化与新技术的发展,美军为应对未来强对抗环境下的大国作战,开始开发新作战概念,以谋求军事优势。国内现有对美军作战概念的研究不少,但针对网络空间领域作战概念的体系化研究还未有所见,本篇聚焦美军网络空间作战概念,首次将概念关系图谱化,提出了网络空间作战概念与其他作战概念之间的关系。在了解美军作战概念基本框架的基础上,精选了网络威慑、前沿防御、分层网络威慑、前出狩猎等美军网络空间作战现行的几大概念,通过对概念的演进过程、内涵特点、制胜机理、实施与应用进行研究,增加对美军网络空间领域未来作战能力发展趋势的预判,支撑我军军事理论创新和探索研究。

本篇第 1 章对美军作战概念的基本定义、发展特点、体系构成、研究开发过程等进行了梳理分析,以期让读者对美军作战概念有整体性认识;第 2 章聚焦网络空间,剖析了美军网络空间作战概念的演进特点,并分析了其与联合作战概念之间的关系,对典型概念的历史发展与基本内涵进行了简述;第 3~5 章,重点研究了几个重要的网络空间作战概念,包括"网络威慑""前沿防御""分层网络威慑",详细阐述了其起源、内涵、制胜机理、应用行动及影响效果;第 6 章研究了前沿防御概念指导下"前出狩猎"行动的背景、内涵、行动特点、技术基础、网络作战框架及主要影响。

第 1 章 美军作战概念概述

美军作战概念是美军作战理论体系,即"作战构想—作战概念—作战条令"的重要组成部分,向上支撑作战构想的实现,向下指导作战条令的形成。

1.1 作战概念的基本定义

根据美国《国防部军事及相关术语词典》描述,作战概念(Concept of Operations,CONOPS)是指"用清晰而简洁的语言或图表表达、描述指挥官设想完成的任务及如何使用可用资源完成任务"。

在军种层面,美国空军在《空军作战概念开发》中对空军作战概念(Air Force Concepts of Operations,AF CONOPS)进行了定义:空军作战概念是其最高军种级别的概念描述,由指挥官通过对作战能力和任务的整合和指导,在预期的任务域解决问题以达到效果;美国陆军在《美国陆军作战概念:在复杂环境中取胜 2020—2040》中,对陆军作战概念(Army Operating Concept,AOC)给出了描述:美国陆军作战概念描述了未来陆军部队将如何保护国土、开展区域交战，以防止冲突、塑造安全环境，并创建应对和解决危机的选项；美国海军在《海军作战概念 2010》中指出：海军作战概念（Naval Operations Concept，NOC）描述了美国海军部队将在何时、何地，如何按照国家战略指导加强安全、防止冲突，并在战争中取胜；美国海军陆战队在《海军陆战队作战概念》中对其作战概念的描述：海军陆战队作战概念（Marine Corps Operating Concept，MOC）广泛地描述了海军陆战队执行军事行动的范围，为下一级作战概念和职能概念提供了基础和背景。指导分析、演习和试验，并影响能力开发和预算规划决策。最简单的概念形式是通过探索、辩论和讨论逐渐成熟和完善的想法。

可以看出，美军作战概念是一种对战争构想的简明表达，且在概念表述中直接体现了作战意图及为达到作战效果需要的资源，可指导并响应作战能力的开发和各种决策的制定。

1.2　作战概念的历史发展及阶段特点

随着国际环境及军事需求的变化，美军作战概念的演进从 1982 年空地一体战开始，呈现出探索、发展、应用及创新四个阶段的特点。

概念探索　冷战时期，以美国为首的北约组织与以苏联为首的华约组织军事对峙，以地缘战争为导向，军事集团武装冲突为背景，推进了符合这一时期作战概念的构建，典型的概念是 1982 年美国陆军提出的"空地一体战"，强调在战役和战术层面上取胜，用于遏制苏军对欧洲的威胁，其思想对冷战后美军主导的局部战争产生了重要影响，也为"空海一体战"概念的形成奠定了基础。

概念发展　1991 年海湾战争之后，信息通信技术及网络技术开

第1章 美军作战概念概述

始发展,信息化战争逐渐揭开帷幕,美军意识到高新技术在取胜中的重要性。1996年,参谋长联席会议办公室发布《2010年联合愿景》,首次提出了"顶层概念模板",通过应用新的作战概念,为军种在理论和联合框架内发展独特能力提供方向。该文件强调了"制度上、智力上和技术上"全面联合和全域主导的重要性,从而提高冷战后时代的联合作战效能。因此,技术和协同的体现在这一时期的作战概念中逐渐增加,如"有人/无人协同作战""网络中心战"等。

成熟应用　为应对苏联解体和恐怖主义袭击带来的安全环境变化,"9·11"事件后,美国国防部加强了部队改革转型,在重申全域主导重要性的基础上,主张以能力为导向,更多地关注击败对手可能采用的能力。2003年,美国国防部首次发布《联合作战概念》,作为国防部指导部队转型的统一框架;2005年,进一步发布《联合作战顶层概念2.0》,并结合阿富汗和伊拉克战争作战实践,更新了多个版本。2012年,国防部在《保持美国全球领导力:21世纪国防的优先事项》中要求美军从"反恐战争"转向亚太地区的"再平衡"。这一时期,美军进一步突出全球优势、联合作战重要性和各军种优势,典型作战概念包括"全球一体化作战""空海一体战""分布式作战"等。

概念创新　联合参谋部的系列概念文件将战略要求转化为作战解决方案,为开发联合作战和支持概念,解决特定任务领域和挑战提供了方向。各军种制定的概念在其优势基础上与联合概念保持一致,美国陆军在2014年《美国陆军作战概念:在复杂环境中取胜2020—2040》中提出,通过提供"联合部队所需的基础能力"来支持全球一体化作战。随后美国陆军于2016年提出"多域战"作战概念,时任陆军参谋长马克·A.米莱将军在国会证词中表示:陆军的多域战概念旨在指导我们的现代化努力,告知未来部队的发展,描述我们将如何在所有领域同步能力，以支持联合部队作战。多域战概念的提出启发了美军在全域、跨域上更多的思考。2018 年，美国《国家军事战略》指出：联合部队需要在武装冲突水平以下进行竞争。因此，要打破常规思维，解决存在于和平与战争之间的灰色地带或混合战争挑战。这一要求促使美军更多地思考联合部队如何整合高超声速武器、量子计算和人工智能等前沿技术形成的新能力来支持全球一体化作战。基于以上种种因素驱动，"马赛克战""联合全域作战"等美军现行作战概念被相继提出。

美军主要作战概念发展时间线如图 1.1 所示。

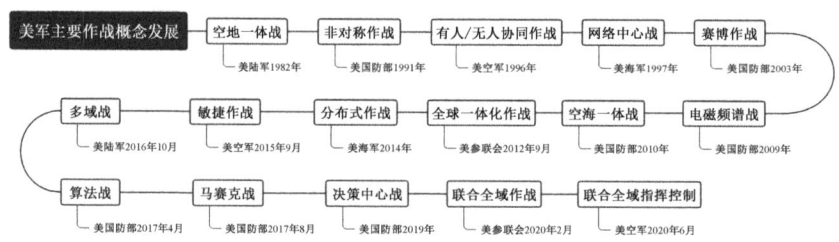

（注：图中概念提出的时间为该概念被美军方正式发布或认可的时间。）

图 1.1　美军主要作战概念发展时间线

1.3　作战概念体系的构成

美军作战概念体系的核心是"联合概念"。"参谋长联席会议主席指示"CJCSI 3010.02 系列文件对联合概念框架进行了系统性描述。该文件指出，联合概念描述了一种方法，用于在特定的作战环境或针对特定联合部队挑战，利用联合部队能力来达到指定的目标。联合概念一是提出了联合部队如何利用军事艺术和科学，开发新的方

第1章 美军作战概念概述

法来执行联合作战、职能和行动;二是提出了现有方法和能力无效、不足或不存在时,应对当前或预期紧迫挑战的新方法。联合概念一方面根据参谋长联席会议主席愿景和联合作战环境(JOE)界定国防战略指导中定义的任务;另一方面直接影响真实战略场景的开发,以评估或验证概念。联合概念获批后,相关机构将评估、细化并完善概念所需的能力,提出有助于开发具体联合能力的建议,并反馈给能力申请者,以发展适配能力。

联合概念由联合作战顶层概念(CCJO)、联合作战概念(JOCs)和支持性联合概念组成,各军种概念和其他作战概念等作为支持性概念纳入联合概念系列。联合概念谱系结构图如图1.2所示。

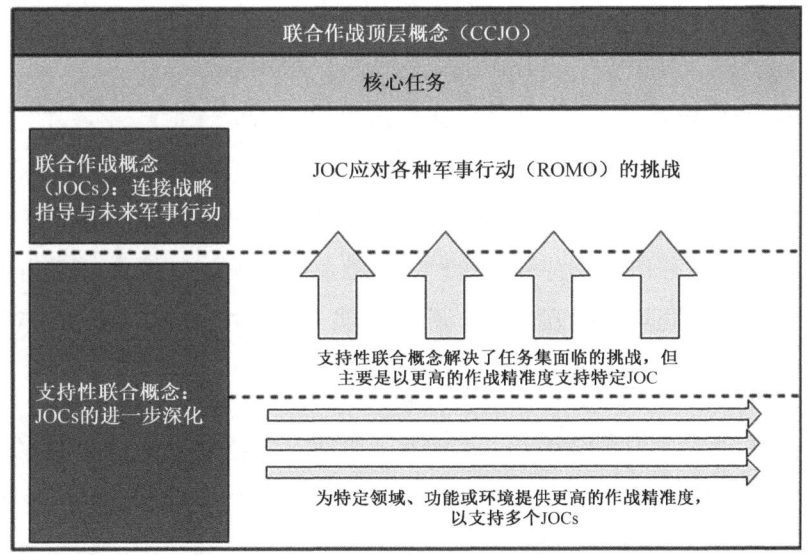

(注:图来自 CJCSI 3010.02E "Guidance for Developing and Implementing Joint Concepts"。)

图1.2 联合概念谱系结构图

联合作战顶层概念（CCJO）描述了联合部队如何保卫美国，抵御安全挑战的总体愿景，清晰地表达了以保护国家利益为目标，形成的国防战略指导下的联合力量。CCJO 帮助未来联合部队确定优先事项，并为战略指导和联合作战概念提供桥梁，以支持联合部队发展。影响 CCJO 开发的因素包括未来安全环境的变化、新的战略指导和参谋长联席会议主席指导方针的变化。参谋长联席会议主席指导 CCJO 的开发、审查、评估和批准过程。

联合作战概念（JOCs）描述了联合部队如何根据美国国防战略指导和联合作战顶层概念在特定任务区域内执行军事行动。总的来说，JOCs 描述了军事行动所需的联合能力，并鼓励通过战争演习、联合训练和各种研究、实验和分析进行进一步验证。

支持性联合概念通过描述未来联合部队如何执行联合作战概念任务子集，或在多个联合作战概念任务区应用联合职能，进一步深化联合作战概念。支持性联合概念可以更深入地探索联合能力，并为能力差距分析提供信息；支持改进、记录和验证实质性和非实质性的变化，以实现概念中规定的能力和作战方法。各军种概念和其他作战概念等作为支持性概念纳入联合概念系列，在联合体系内编写，以确保同步和相互支持，避免重复工作，并适当扩展或实施联合概念中包含的理念。

在联合概念的指导下，美国各军种也开始发展各自的作战概念体系，其中陆军和海军陆战队的作战概念体系相对成熟，以陆军为例，陆军作战概念开发工作由陆军未来司令部具体组织，其概念框架主要由顶层概念、作战概念、功能概念组成，其发布的顶层概念如《陆军顶层概念》，作战概念如《陆军多域作战 2028》，功能概念如《陆军未来司令部情报概念 2028》《陆军未来司令部多域作战中的

第 1 章 美军作战概念概述

机动概念 2028》《陆军未来司令部网络空间与电磁战概念 2028》等。其他军种负责概念开发的机构分别是空军教育与训练司令部、海军教育与训练司令部、海军陆战队训练与教育司令部。

1.4 作战概念的生命周期及开发过程

本节以联合概念为例，对作战概念的生命周期、开发过程及实施应用过程进行概述。

1.4.1 作战概念的生命周期

如图 1.3 所示，联合概念的生命周期始于对未来军事趋势和演变条件的理解，其他关键输入如历史分析、联合经验计划（JLLP）的反馈，以及对现有战略指导、政策、条令和能力的理解。联合概念根据开发实施过程（见图1.4）进行开发和转换；根据具体政策和指南进行能力开发；生成的联合能力开发建议由能力开发申请机构验证和批准。联合概念开发（JCD）管理机构定期审查和评估联合概念的能力转换计划，以确保其与当前战略指导保持一致、与未来安全环境变化相关，并对整个联合部队的联合能力开发工作产生有效影响。管理机构可根据审查结果建议暂停、存档、修改或终止概念开发和实施工作，当一个概念被评估为已达到其预期目标，或不再指导联合能力开发，或需要修改时，单个概念的生命周期即达到顶峰。

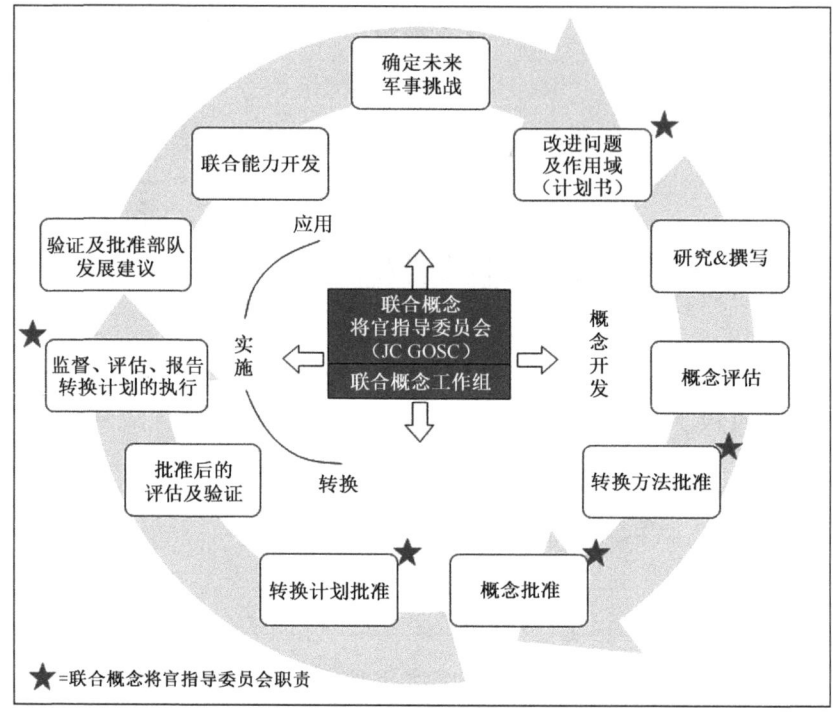

（注：图来自 CJCSI 3010.02E "Guidance for Developing and Implementing Joint Concepts"。）

图 1.3 联合概念的生命周期

1.4.2 作战概念的研究开发过程

联合战略规划体系（JSPS）是参谋长联席会议主席履行《美国法典》第 10 条（武装部队）规定法定职责的体系方法，从而保持全球视野、利用战略机遇，将战略转化为成果，为美国国防部部长及国防委员会制定和提供军事建议。参谋长联席会议主席的所有行动，包括联合概念计划，都属于 JSPS。《美国法典》第 10 条第 153 节要求参谋长联席会议主席履行六项主要职能，以协助美国总统和国防

第 1 章 美军作战概念概述

部部长制订计划、建议和政策：①为武装部队提供战略指导；②开展战略和应急计划工作；③评估全面的联合准备情况；④促进联合能力发展；⑤管理联合部队发展；⑥为全球军事一体化提供建议。JSPS 支持跨流程和流程内的整合，从而为开展综合评估、建议、统一指导和执行提供支撑。

联合概念开发实施过程如图 1.4 所示，相关部门根据国家级、国防级综合战略指导文件中的指导和方向，以及参谋长联席会议主席的战略指示和联合战略规划体系（JSPS）评估，分析识别联合部队发展需求和优先事项；形成一系列联合概念，以解决国防优先事项，并反馈影响 JSPS 评估；在概念获得批准后，概念发起人在参谋长联席会议各部门的支持下制订概念向应用转化的计划，以指导概念的进一步成熟，从而确定部队发展和联合能力发展建议；获批准

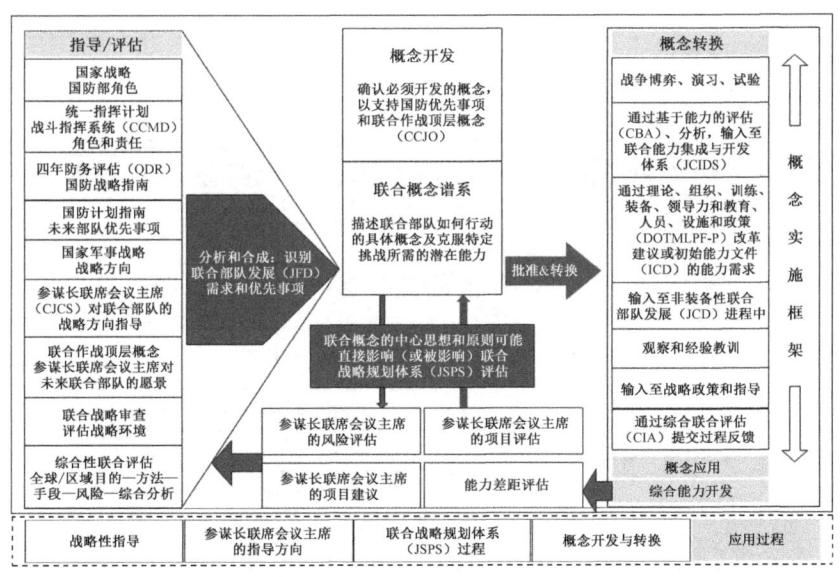

（注：图来自 CJCSI 3010.02E "Guidance for Developing and Implementing Joint Concepts"。）

图 1.4 联合概念开发实施过程

的联合概念实施还将影响 JSPS 对战备状态、风险、充分性、联合军事需求、角色和任务的评估和迭代；同时，概念所形成的能力需求也影响着理论、组织、训练、装备、领导力和教育、人员、设施和政策（DOTMLPF-P）等方面的改革。

1.4.3　作战概念实施应用过程

联合概念实施框架（见图1.5）由转换阶段和应用阶段组成。转换阶段将已成熟的概念性对策细化为联合能力建议，并提交相应机构批准。应用阶段，被批准的能力建议通过一系列由行动组成的能力开发过程实施，以实现联合部队的变革目标。应用阶段涉及机构众多，包括国防部长办公室（OSD）、作战司令部（CCMDs）、联合参谋部各处、军种部门和机构。

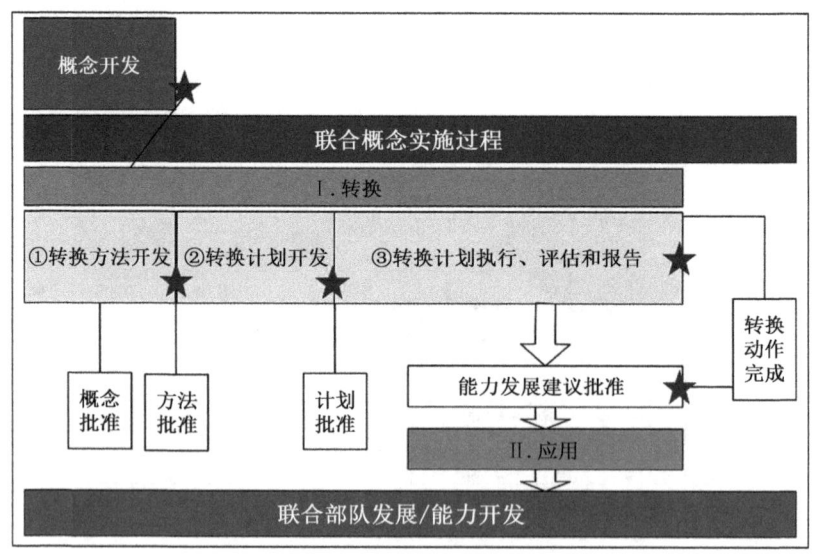

（注：图来自 CJCSI 3010.02E "Guidance for Developing and Implementing Joint Concepts"。）

图1.5　联合概念实施框架

第 1 章　美军作战概念概述

1．转换阶段

转换阶段描述了通过如战争游戏、试验、演习、演示和能力评估等活动熟化和细化概念性对策，从而构建联合能力开发建议的过程。概念发起机构负责转换阶段的执行。

1）转换方法开发

转换方法描述了概念的预期最终状态和关键想法或建议对策，并概述了实现这些条件的行动。随着"概念核心、支持思想及概念所需能力"（CRCs）的逐渐成熟，概念发起机构在概念发展的早期阶段就开始开发转换方法。转换方法开发考虑的相关因素包括概念目的和核心思想、联合概念中概述的能力的性质和相关类型、资源的可用性及概念发起机构的权威性。转换方法描述了可能影响转换计划执行的事实、假设或风险，以及在制订转换计划时必须考虑的所有限制和约束。概念草案审查和批准后，概念发起机构将向联合概念工作组提交转换方法，以获得批准。

2）转换计划开发

转换计划具体给出了构建联合能力开发建议所需的行动，并将相关建议提交给应用过程。具体来讲，转换计划确定了实现概念最终状态的具体活动、目标和里程碑，转换计划包括评估活动的类型和范围、任务及协调和同步措施，是用于指导计划执行、评估和报告的单一文档，明确了发起机构和其他支持组织的角色和责任。

3）转换计划执行、评估和报告

转换计划执行在转换计划批准后开始，并持续到每个建议被能力开发过程授权机构批准为止。在转化执行期间，概念发起机构负责制定实施该概念所需的部队发展建议能力清单，并通过联合概念将官指导委员会向联合参谋部七处（J-7）报告转换计划完成情况。转换计划确保所有部队发展建议提供给相应的进程所有者。概念发起机构将根据需要，协助应用过程的实施，不再正式跟踪能力开发活动。联合概念发起机构每年向联合概念工作组和联合概念将官指导委员会汇报转换计划执行情况。

2. 应用阶段

应用阶段开始于能力开发建议的验证和批准。应用阶段将批准的能力建议转换为新的作战方法和其他联合能力。每个应用过程都有自己的授权管理流程、优先级方法和进度。在应用过程中，能力开发建议的采纳不应被视为实现概念最终状态的目标，整个应用过程需要概念发起者与应用者的不断沟通与协作，以实现概念到能力的转变。例如，联合条令的拟定过程要求概念发起机构向相关联合出版物应用者提供咨询，并协助其应用相关能力建议。

第 2 章 网络空间作战概念概述

需要特别说明的是，美军尚未对其网络空间作战概念进行定义和范围界定。当前，美国网络司令部虽已成为一级司令部，但仍未公开独立成军，没有成型的军事理论体系，也没有同陆、海、空等军种相似的作战概念体系。因此，本章对美军网络空间作战概念的研究集中于理解其与现有作战概念之间的关系和发展特点。

2.1 对网络空间作战概念的认识

通过对美军主要作战概念的演进进行分析，可以发现，其发展一直围绕着全球安全环境的变化和美军全球军事行动的开展而演变。海湾战争、苏联解体、阿富汗战争、伊拉克战争等每一次战争实践，都带动了美军对作战模式的思考，从而形成新的作战能力，推动新的概念、组织、演训、装备、技术生成。同时，伴随着美军顶层战略方向的变化，牵引出更多符合战略要求，构建创新方法和所需能力的概念体系，以最大限度地发挥联合部队的优势。

美军网络空间作战概念在其发展中与联合作战概念是相互渗透影响的,美军网络空间作战概念与联合作战概念逻辑关系如图2.1所示,可以将网络空间作战概念理解为一种"作战域概念",主要解决网络空间领域的作战问题,是支撑联合作战概念实现的重要组成部分。典型概念包括"网络威慑""前沿防御""持续交战""分层网络威慑"等,这些概念大多以战略概念形式由美国国防部等高层机构提出,因此,也可理解为一种顶层的战略理念。值得说明的是,"前沿防御""持续交战"等虽是美军重点应用于网络空间且对战略决策和行动部署发挥重要影响的概念,但其实际应用不止于网络空间。

而联合作战概念可以理解为协调及联合陆、海、空、天、网各作战域作战力量实施协同作战的概念。典型的联合作战概念包括"联合全域作战""联合全域指挥控制""多域作战""全球一体化作战""马赛克战""算法战""分布式作战""敏捷作战"等。其中,"马赛克战""算法战""分布式作战"属于利用网络空间搭建的条件实现的作战概念。

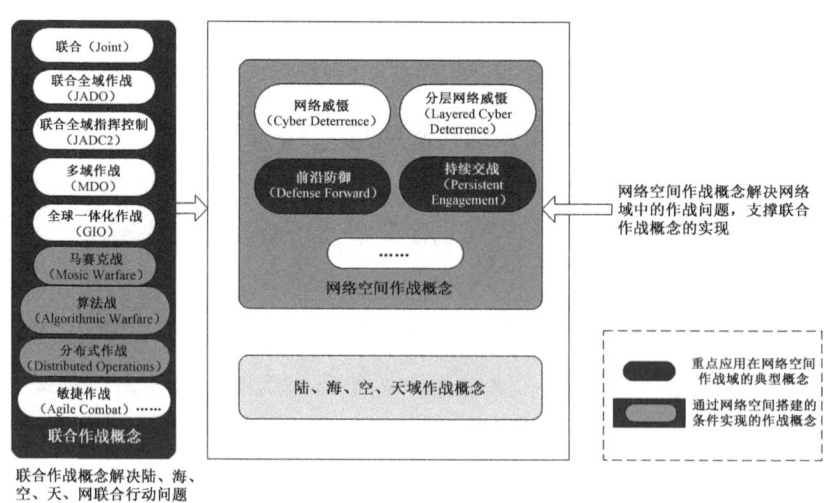

图 2.1 美军网络空间作战概念与联合作战概念逻辑关系

2.2 网络空间典型作战概念的基本内涵及演进

1. 网络威慑

"网络威慑"一词第一次出现是在1994年的《连线》(Wired)期刊中,由现任悉尼大学国际安全研究中心主任詹姆斯·德·德里安(James Der Derian)提出。网络威慑概念可理解为:通过展示己方的网络攻击和防御能力,使得对手相信自己采取网络攻击所得到的收益远远低于可能招致的报复,从而放弃攻击的战略手段。从20世纪80年代中期杀毒软件行业的兴起开始,网络威慑作为一个战略概念,在实践中大量出现。2015年《网络威慑战略》的出台进一步细化了网络威慑的内容,其思想在2018年达到顶峰,而后随着"持续交战"概念的兴起,热度逐渐消退。

2. 持续交战

2016年,辛辛那提大学政治学教授、网络战略与政策中心主席、俄亥俄网络靶场研究所联合主任理查德·哈克内特(Richard Harknett)和美国网络司令部、国家安全局网络战略专家艾米丽·戈德曼(Emily Goldman)提出,网络空间是一个持续进攻的战略环境。也就是说,防守方单靠战略手段是无法取胜的,最多只能打成平手。防守方需要持续进攻,保持与敌人的交战,才能取得战术和作战上的成功,并且需要随着防御形势和攻击载体的演变做调整。2017年,美国国防分析研究所信息技术和系统部研究员迈克尔·费舍尔凯勒(Michael P. Fischerkeller)与哈克内特共同提出了"持续交战"的概念,指出网络空间作战域需要持续的网络战略,该战略基于使用网络作战、活动和行动,通过持续的作战接触产生持续的战术、作战策略，以及在网络空间的战略优势。持续交战是指在武装冲突门槛之下，常态化地与敌方在网络空间接触和对抗，其基本战略原则是掌握主动。

3. 前沿防御

2018年，美国国防部采纳了"持续交战"概念的逻辑，支持"前沿防御"概念生成，在《国防部网络战略》中首次提出前沿防御战略概念，承认在网络空间捍卫美国需要在美国网络之外和攻击来临之前执行行动。与此同时，美国网络司令部宣称，将"通过持续的优势把握并保持网络空间主动权，与对手持续交战和竞争，以便在任何地方制造不确定性"。美国认为，前沿防御是一种与对手持续交战的姿态暗示，作为美国整体安全战略的一部分，用符合国际法的方式，运用一切可能的权限、途径和能力来防御网络空间，要求美国必须主动发现、追求和反制对手低于武装冲突阈值下的行动，并施加代价。前沿防御规定了美军网络空间作战的战略要素，而持续交战是美军实施此战略的方式，即通过持续交战实施前沿防御战略。

4. 分层网络威慑

哈克内特和费舍尔凯勒提出持续交战，是因为网络空间的独特特征导致网络空间内的威慑不是一个可信战略。因此，2020年，美国网络空间日光浴委员会提出了一种新的战略方法和概念——分层网络威慑，这种方法建立在前沿防御的基础上。日光浴委员会通过将概念解释转移到威慑机制上，即权限、途径和能力，掩盖了将持续交战纳入国家网络威慑战略的紧张局面。分层网络威慑涵盖了塑造行为、拒止获益和施加成本三个战略威慑层次。在借鉴过往网络威慑战略相关研究成果的基础上，分层网络威慑战略融合了美国近

第 2 章　网络空间作战概念概述

三届政府的安全战略方针，将"前沿防御"概念贯穿于整个战略之中，强调要加强公私部门协作以有效应对网络威胁，丰富和深化了传统的网络威慑战略理论。在对传统威慑战略架构进行改良的基础上，分层网络威慑战略聚焦于治理现实难题，并提出了综合性的改革举措。

5. 概念关系

2021 年，卡内基国际和平基金会技术与国际事务项目高级研究员、美国网络空间日光浴室委员会前高级主任埃里卡·博加德（Erica Borghard）及第 75 创新司令部美国陆军预备役军官、普华永道网络风险和监管实践高级主管、美国网络空间日光浴室委员会前高级顾问肖恩·隆尔根（Shawn Lonergan）撰写了一篇题为"网络空间中的拒止威慑"的论文，其提到"网络空间中，通过拒止进行威慑包括两个部分：拒止和防御。防御部分单指防御，拒止部分旨在拒止对手在战场上取得成功"，并提出"国防部的前沿防御概念在实践中是最接近拒止威慑方法的"。

因此，通过概念的演变，可以初步梳理出几个概念之间的关系，即分层网络威慑建立在前沿防御基础上，前沿防御继承了持续交战的逻辑，在实践中最接近威慑概念下的拒止威慑。

2.3　联合作战概念的基本内涵

前面提到，联合作战概念是协调并联合陆、海、空、天、网各作战域作战力量实施协同作战的概念。其中，"马赛克战""算法战""分布式作战"是利用网络空间搭建的条件实现既定目标的作战概念，与网络空间紧密相关。因此，为了使读者更好地理解各作战概念的内涵及关系，这里对美军作战概念发展中重要且与网络空间紧密相关的几个联合概念进行简述。

1. 联合概念

1942年，美海军上将莱西对联合（Joint）概念进行了首次描述，即"统一最高指令"，被美军所采纳。如今，联合概念由美军联合参谋部开发和管理。联合概念是以"解决问题"的方式编写的，其开发是联合部队发展的重要组成部分。联合概念确定了实现既定目标或应对未来联合部队挑战所需的能力，描述了用于在特定作战环境或针对特定联合部队挑战，利用联合部队能力实现指定目标的一种方法。其谱系家族包括联合作战顶层概念（CCJO）、联合作战概念（JOCs）和支持性联合概念。各军种概念和其他作战概念等作为支持性概念纳入联合概念系列。

2. 联合全域作战

2020年2月，参谋长联席会议正式提出联合全域作战（JADO）概念，此概念在多域战基础上发展而来，以联合全域指挥控制（JADC2）概念为核心，旨在将太空、网络、威慑、电磁频谱行动、导弹防御等能力结合在一起，以应对各种强度的全球竞争与冲突。2020年6月，美国空军发布的空军条令附件3-1《空军在联合全域作战中的作用》，正式将联合全域作战和联合全域指挥控制纳入条令，并给出了联合全域作战的术语定义，即"联合部队在多域作战中，整合规划和同步执行作战，以获得完成任务所需的速度和规模优势"。美军认为，在技术飞速发展和扩散的时代，大国竞争的重现削弱了美国的军事优势。跨多个作战域力量的适当应用可以产生超乎想象

第 2 章 网络空间作战概念概述

的作战效果。相关研究和兵棋推演的结果表明，联合全域作战概念的提出为作战实践提供了一个清晰而全面的理论框架，是美军现阶段重要的概念牵引。

3. 联合全域指挥控制

2020 年 6 月，空军条令附件 3-1《空军在联合全域作战中的作用》同样给出了联合全域指挥控制的定义，即"一种决策的艺术和科学，将决策迅速转化为行动，与任务伙伴合作利用多个作战域的能力，在竞争和冲突中实现作战和信息优势"。美军认为，国防部现有的指挥控制架构不足以满足战略需求，各军种都开发了自己的战术网络，但与其他军种不兼容。联合全域指挥控制是指挥控制能力在各作战域和军种中的自然延伸，旨在将分布在全域的传感器、射手和数据整合，使指挥官能够在时间、空间和任务上整合计划，同步融合各项作战能力，自动匹配目标，获得决策建议。为进一步落实该理念，2022 年 3 月美国国防部发布《联合全域指挥与控制战略》，明确了三项指挥控制指导职能，即"感知、理解、行动"，以及五项持久的工作路线：建立 JADC2 数据体系；建立 JADC2 人力资源体系；建立 JADC2 技术体系；将核指挥与通信（NC2/NC3）与 JADC2 集成；使作战伙伴共享信息现代化。从而确保联合部队指挥官能够在竞争过程中获得并保持对抗全球对手的信息和决策优势。陆军"融合计划"、空军"先进作战管理系统"项目、海军"超越计划"均是美军推进联合全域指挥控制能力发展的重要技术项目。

4. 多域战

多域战（MDO）是美军继"空海一体战"概念后，用来应对"反介入/区域拒止"的又一次理论创新，自 2016 年 10 月由美陆军提出以来，得到美各军种的积极响应，使美各军种可在不同作战域共享信息和资源,推动了指挥体制向高效扁平延伸,建立了更加科学高效、机动灵活的作战指挥体制。美国陆军更是在战略规划、作战筹划和武器装备发展层面采取多种举措,加速推进多域战概念深化发展和实战化步伐。多域战概念的核心是打破各军种编制、传统作战域之间的界限,最大限度利用各作战域联合作战能力,以实现同步跨域协同、跨域和全域火力机动,夺取物理域、认知域及时间域方面的优势。

5. 全球一体化作战

2012年9月,参谋长联席会议发布《联合作战顶层概念:联合部队 2020》,明确提出了全球一体化作战(GIO)概念。此后,美军创新作战力量运用模式,进一步提出空海一体战建设的深度实施,持续推行全球一体化作战构想。2018年12月,参谋长联席会议发布新版联合作战顶层概念(CCJO)《联合部队 2030:全球一体化作战》,对 2012 版全球一体化作战和跨域协同等概念进行了丰富和发展,旨在通过全域机动作战实现"全球一体化作战",期望以此将部队的联合作战水平快速提升到一个新的高度。

6. 马赛克战

马赛克战是美国国防部高级研究计划局(DARPA)下属战略技术办公室(STO)于 2017 年 8 月提出的新型概念,其是一种可快速拼装出复杂杀伤网的作战体系,可将各种传感器、通信网络、指挥控制系统、武器系统或平台通过网络信息系统链接起来,实现作战单元的快速拼装,形成一种具有高度弹性的自适应动态杀伤网。马赛克战的概念核心是:通过作战单元跨域聚合拼接,形成动态自适应的战场体系;通过作战功能解耦分散部署,制造多维一体的打击

第 2 章 网络空间作战概念概述

效果;通过作战指控人机互动协同,加速战场对抗节奏自适应连接。马赛克战概念提出后,DARPA 启动了一批新的颠覆性技术项目支撑马赛克概念应用转化,并形成了作战单位动态编组及体系化作战优势、战场组网通信、智能指控等方面的智能化战争能力布局。

7. 算法战

"算法战"这一概念较早见于 2013 年美国智库大西洋理事会网络治理倡议研究项目主任詹森·希利(Jason Healey)的文章《"震网"病毒与"算法战争"的曙光》。该文虽然没有给出算法战概念的明确定义,但这一概念日益受到美国学术界和军方的重视。2016 年 9 月,哈佛大学法学院发布了一份题为《战争算法问责》的研究报告,将"战争算法"定义为,"通过计算机代码表达、利用构建系统实现,以及能在与战争相关的行动中运作的算法"。2017 年 4 月 6 日,美国国防部副部长罗伯特·沃克签署了梅文计划(Project Maven)备忘录,宣布组建算法战跨职能小组(AWCFT),标志着美军方对算法战概念的正式认可。算法战的内涵可总结为三点:第一,算法战的主体既可以是国家行为体,也可以是非国家行为体。例如,美军利用人工智能算法分析"伊斯兰国"的相关行动数据,试图找出其发动袭击的规律,破解其袭击策略,而"伊斯兰国"技术人员也可利用算法分析情报,应对美国等国家的军事打击。第二,算法战的客体(攻击对象)包括人员和实物两方面,即通过算法支撑的武器装备系统攻击对方人员或交通、电力等网络基础设施。第三,算法战的作战手段是以人工智能算法为主要技术支撑的武器装备、作战平台、后勤保障系统等,这也是算法战与其他战争模式的主要区别。

8. 分布式作战

"分布式作战"是美国海军在"分布式杀伤"概念的基础上提出

的，现已扩展至各军种。分布式作战是由空间上大范围分布的作战单元通过网络互联，共享上级指令、战场态势、火力资源，实现自主共同决策的作战方式。其具有全域力量覆盖、跨域能力融合的一体化特点，核心思想是将高价值大型装备的功能分解到大量小型平台上，由具有综合功能的大型平台与多个具有不同功能的小型平台联合组成分布式作战系统，借助战场网络和智能化技术，通过协同、自主等方式执行作战任务，具有整体成本低、系统灵活性强、战场生存性高等优势。

9. 敏捷作战

美国空军在系统评估未来二十年作战环境并制订战略总规划的基础上，于 2015 年 9 月发布《空军未来作战概念 2035》文件，提出了敏捷作战概念，将其定义为：应对既定挑战，迅速生成多个解决方案并在多个方案之间快速调整的能力。这一概念的核心目标是：要实现多域敏捷作战，发展航天、航空和网络空间一体化作战能力。在此概念内涵基础上，美空军进一步提出了实现敏捷作战需具备的特性，包括灵活性、快速性、协调性、平衡性和融合性。敏捷作战概念的提出标志着美国空军在考虑装备发展时将不仅局限于单一领域的任务需求，而会更加注重多域敏捷作战的需求。

第 3 章 网络威慑

3.1 西方威慑概念的定义及分类

威慑概念（Cyber Deterrence）一直主导着西方的战略思想。西方认为威慑是阻止或抑制世界上某个国家或某个人采取不必要的行动（如武装袭击）的一种做法。它涉及遏制或阻止的相关行为，"胁迫"概念与之密切相关但截然不同。

经典文献将基本威慑方法分为两种，拒止威慑和惩罚威慑。拒止威慑战略旨在通过使行动不可行或不能成功，剥夺潜在侵略者实现其目标的信心，如部署足够的本土军事力量来击败入侵。拒止威慑是为捍卫某种承诺而实施的意图和努力。拒止的能力约等于防御的能力，威慑和防御在分析上是不同的，但在实践中是完全相关的。惩罚威慑是发生冲突后的一种威胁惩罚，如核升级或严厉的经济制裁。通过惩罚进行威慑不是直接捍卫有争议的承诺，而是通过威胁进行更广泛的惩罚，增加对手的攻击成本。大多数经典研究表明，拒止威慑本质上比惩罚威慑更可靠。

威慑的使用方式包括直接威慑与延伸威慑。直接威慑是指一个国家为防止本国领土受到攻击所做的努力。延伸威慑是指阻止对第三方（如盟友或合作伙伴）的攻击。例如，冷战期间，直接威慑包括阻止苏联对美国领土的核攻击，延伸威慑包括防止苏联对北约成员国的常规攻击。

威慑的表现形式包括一般威慑和即时威慑。一般威慑是在长期和非危机情况下持续不断地防止不必要的行动。即时威慑意味着更短期、更紧急的尝试，以防止特定、迫在眉睫的攻击，最典型的是在危机时期。例如，美国宣称如果苏联袭击西欧，将实施防御和惩罚的承诺，此为一般威慑。在危机时期，美国担心苏联即将对柏林发动侵略，因此，美国参与了即时威慑任务。

3.2 网络威慑概念的起源

现任悉尼大学国际安全研究中心主任詹姆斯·德·德里安（James Der Derian）在 1994 年《连线》（Wired）期刊《关于美国陆军沙漠之锤Ⅵ（Desert Hammer Ⅵ）作战演习》的文章中，创造了"网络威慑"一词。德里安并没有概括"如何在网络空间中阻止对手"，而是描述了陆军融合"媒体窥视、技术展示和战略模拟"，以创建美国军事主导三个传统作战域的超数字化地位。威慑逻辑从根本上与人类心理交织在一起，此后美国允许记者进驻作战演习，报道先进作战技术，营造威慑氛围。如今，网络威慑主要描述了被转移到网络领域的各种物质空间（物理世界）的理论和机制，包括长期存在的国际关系理论、犯罪学方法和心理战的固有技术。

从网络空间冲突概念背后的技术动态来看，网络威慑思维始终与持续的软件和硬件发展、互联网的不断扩大及万维网的演变密切相关。从20世纪70年代第一个自传播蠕虫（Creeper）被杀灭，以及20世纪80年代中期杀毒软件行业的兴起开始，网络威慑作为一个战略概念，其要素在实践中占据了显著地位。

在学术方面，关于网络空间遏制对手的学术讨论究竟是何时开始的尚不明确。就文献而言，关于"网络威慑"这一特定术语的大量期刊文章、书籍章节和研究报告出现在1998—1999年的科索沃冲突时期，2006年格雷格拉特雷（Greg Rattray）提出"高级可持续攻击"（APT）一词，2007年针对爱沙尼亚的分布式拒绝服务（DDoS）攻击迅速增加，可见网络威慑的战略讨论与网络空间发生的军事冲突息息相关。关于网络威慑的学术讨论在2007年前后加速，2015年《网络威慑战略》进一步细化了网络威慑的内容，2018年网络威慑思想在特朗普执政后达到顶峰，但之后迅速下降。随着网络威慑的学术消退，"持续交战"概念逐渐兴起。

3.3 网络威慑机制的应用及效果

尽管网络威慑在理论方面存在学术缺陷，但在多年的实践中演变出了六种威慑机制（不是理论），试图影响和概述网络空间威慑在实践中发挥作用的潜在动力，分别为拒止威慑、合法性丧失威慑、惩罚威慑、纠缠威慑、声誉威慑、跨域威慑。

1. 拒止威慑

拒止威慑是网络空间中出现最早也是最基本的威慑对手的机制。通过拒止进行威慑的总体目标是通过减少系统的攻击面和限制对手在网络中的突破时间和横向移动来降低攻击方的成功概率。根据国际关系理论，拒止威慑的核心是破坏对手的成本效益计算，使其攻击因失败可能性增加或时间、耐心、资源耗尽而被抑制。拒止威慑与网络安全的主要区别在于，前者是一种战略信号传递机制，后者是随着对技术的日益依赖而产生的社会需求。

"拒止"是在平衡应用与成本效益之间最优的威慑手段。网络空间每天都在通过网络安全机制和实践实施拒止威慑，拒止威慑的效果在很大程度上依赖于网络安全的建设，如定期安装安全补丁、使用强大的身份验证方法，以及应用防火墙、黑白名单、入侵防御系统、防病毒工具、加密等。

"拒止"可对多数网络武器实施威慑作用，如利用反欺骗技术阻止拒绝服务和钓鱼攻击。拒止威慑可以刺激更多的安全技术开发，促进修复措施更快、更广泛地应用。强大的防御系统可以让潜在的攻击者相信，其欲实施的网络攻击很可能会失败，从而使其改变策略。

将拒止威慑应用于网络领域的首要问题是：在对威慑范围内的对手计算成本效益时可能存在方法差异。因此，同样的威慑措施对不同的对手将产生不同影响。这些差异取决于能力、组织成熟度水平、任务目标、攻击力和影响，以及一系列定义和表征对抗性行为的因素。发动威慑一方也存在同样的问题，网络防御者很难量化所采取的每项网络安全措施的成本效益。就像美国国家安全局（NSA）/中央安全局（CSS）威胁行动中心高级技术负责人杰拉尔德·威拉德（Gerald Willard）所说："在网络安全世界中，权衡一直存在。"

2. 合法性丧失威慑

合法性丧失威慑被国际上称为"点名和羞辱"，其起源于政府对建立网络空间国家行为规范和规则的审议，以及关于国际法适用于网络领域的学术讨论（如《塔林手册》）。这一进程的总体目标有三个方面：建立约束一般原则；提高不良行为的声誉成本；缩小战场空间，使其仅包括符合武装冲突发生的军事战斗人员。尽管许多国家和国际组织一直在推动这一说法，但只有少数政府公开将违反国际法规范的行为归咎于特定的个人、团体或国家。

五眼联盟国家是实施合法性丧失威慑（开展协调公开归因行为）的主要国家。例如，2017 年，五眼联盟公开指出俄罗斯军事情报部门参与 NotPetya 行动，以及对国际禁止化学武器组织（OPCW）的黑客行动；并将 2018 年和 2021 年的 APT10 和 APT40 攻击公开归咎于我国。根据五眼联盟的解释，公开归因会产生全球性的积极回应，以促使攻击者改变其行为。

合法性丧失威慑对国家/非国家行为体的作用是有限的。到目前为止，只有一个威胁行为者 APT3/Boyusec，在 2017 年 4 月被匿名组织"入侵真相"（Intrusion Truth）人肉搜索后完全消失。绝大多数 APT 行为者在被公开归因后，反而改进了战术、技术和程序，有些甚至选择与其他组织共享工具和基础设施，以混淆视听和迷惑防御者。

3. 惩罚威慑

惩罚威慑是讨论最广泛的方法，但其概念在理论和实践中仍处于初级阶段。如果我们接受《塔林手册》的逻辑和关于网络空间中与攻击性网络行动相关规范的讨论，那么，只有将惩罚威慑用于自卫，以应对导致或预计会造成严重伤害的民族、国家网络行动时，惩罚威慑才是可以接受的。从理论上讲，惩罚威慑是矛盾的多面问题，这些问题包括：归因问题与即时事件补救的优先顺序；初始归因评估的固有不确定性；以及对网络攻击响应军事目标定位过程中相称性、区分性、必要性、人道性和军事优势含义之间相互冲突的解释。

参谋长联席会议前副主席保罗·J.塞尔瓦将军曾说："在实践中，惩罚威慑可归结为一件简单的事情，即'你伤害了我，我会更严重地伤害你，我有做这件事的工具，如果不相信，那就越界吧'"。斯坦福大学国际社会与合作中心的赫伯·林（Herb Lin）则指出："我们对现有的冲突升级动态和冲突终止理论如何在网络空间应用的了解非常少。"因此，2017年"持续交战"概念在网络空间领域提出后，得到美国国防领域的更广泛认可，美国网络司令部和美国国家安全局开始采取战术手段"合理化"持续交战，以产生惩罚威慑的效果。

美国网络司令部在打击外国干涉和影响总统选举时开展了多项"惩罚威慑"行动，其中一项为"合成神学行动"，该行动在2018年美国中期选举前直接向俄罗斯军事情报机构特工发送消息，并短时中断了互联网研究机构（IRA）（"巨魔工厂"）的网络；另一项是针对Trickbot恶意软件的行动，该行动对Trickbot指挥控制服务器上的配置文件进行控制，减少了其对2020年美国总统选举的潜在影响。美国网络司令部司令保罗·中曾根在参议院军事委员会的证词中表示：网络司令部在打击外国干涉或影响2020年选举中开展了"二十多次"行动。

美国网络司令部的"惩罚威慑"描绘了一幅有针对性的交战画面，目的是破坏或停止预期的或正在进行的对抗行动。从现有的公开证据来看，尚不清楚美军的持续交战是否可以起到长期威慑效果，或在多大程度上能够塑造对手的行为和思维。

4. 纠缠威慑

纠缠威慑理论在很大程度上取决于尚未解决的国际关系讨论，即国家之间的相互依赖是否会促进或缓解国家间冲突。在更广泛的网络威慑框架内，纠缠威慑将同时给攻击者和受害者带来严重的影响。

网络空间削弱了现实空间纠缠威慑的逻辑。纠缠威慑的根本问题是，目前还没有实例支持它在网络空间动态中的适用性。无论两个国家在现实空间中的依赖度如何，在网络空间是没有朋友的。正如斯诺登披露的情况：长期的盟友都在暗中监视彼此，无论在其他领域是否相互依赖。典型的如 2017 年，沙特阿拉伯 Petro Rabigh 炼油厂遭恶意软件 Triton 攻击。Triton 被称为"世界上最致命的恶意软件"，专门禁用工业控制系统的保护系统，从而导致物理事故和人身伤害。2018 年，火眼公司指认此事件为俄罗斯中央化学与力学科学研究所所为。同年，当西方国家因抨击沙特君主制的《华盛顿邮报》专栏作家贾马尔·哈肖吉（Jamal Khashoggi）惨遭谋杀而谴责沙特时，俄罗斯却派出了一支由 30 名高管组成的贸易代表团参加了沙特的"沙漠达沃斯"投资会议。普京当时的回应是："我们不知道贾马尔发生了什么，为什么要采取可能损害我们与沙特关系的措施呢？"在接受《连线》期刊采访时，美国国家情报局长办公室（ODNI）负责俄罗斯和欧亚大陆事务的前副国家情报官安德烈亚·肯德尔·泰勒（Andrea Kendall Taylor）表示："俄罗斯将沙特作为网络攻击目标与我们对俄罗斯地缘政治目标的理解不一致。"

5. 声誉威慑

在传统的威慑理论中，声誉威慑是一个公认的概念，但在网络空间中很少被提及。1966 年，托马斯·施林（Thomas Schelling）提出了一个有争议的观点：一个国家的形象是少数几件值得争夺的事情之一，因为它是一个国家行动的声誉，是其他国家对其行为的期望。也就是说，声誉和威慑的决心是在这两个角色之间通过对过去冲突和对未来危机的预期而形成的。

俄罗斯发动信息战干扰美国大选，在全球塑造其信息战优势声誉。2016年，俄罗斯联邦通过入侵美国民主党全国委员会（DNC）网络窃取机密文件，展开了全球首次针对美国大选的信息战行动，美国对此次入侵反应迟钝并低估了网络袭击的严重性。俄罗斯的声誉随后被大肆宣扬，以至于其信息战能力几乎被视为神奇的力量，可以影响任何地方的任何事情。正如俄罗斯所解释的："只要其他国家相信我们可以施展魔法，我们实际做些什么已经不重要了。"俄罗斯自此彻底重塑了自己的形象，并证明了它可以对军事超级大国发动一场成功的信息战，并逃脱惩罚。

摧毁攻击对手的网络基础设施和工具并不一定会对对手产生声誉影响，有时反而会激发对手的反击心理。2019年3—6月，伊朗APT组织Oilrig（APT 34）的工具、源代码和受害者名单在Telegram和GitHub上曝光，公开资料显示这是美国中央情报局（CIA）的一次行动，旨在对伊朗进行威慑和警告。但事与愿违，自2019年7月以来，Oilrig不仅部分重用了旧工具来维持生存，还大量生产了一系列新式恶意软件产品。例如，2020年5月，Oilrig成为第一个将DNS-over-HTTPS协议纳入其武器库的公开威胁行为者。到2020年7月，它修改了RDAT后门恶意软件，增加了一个新的命令和控制通道，使用隐写术将命令和数据隐藏在电子邮件附件的位图中。可见，短期对Oilrig组织的打击可能会造成其声誉损失和工作量的大幅增加，但从长远来看，该组织也被迫进行了创新和重塑，即持续的声誉恢复和组织重组。

此外，如何充分利用对手心理，增加对手失误率？如何确定影响心理阈值的因素？能否创造级联效应来打击关联国家、组织机构中的多个团队？这些问题将网络威慑定义为心理战的一部分，很大程度上是围绕着连接网络空间和信息战领域的前沿问题展开的。

6. 跨域威慑

跨域威慑描述了一个国家在网络领域之外利用的一系列战略措施，以应对网络空间内的事件。行动范围从对网络特工的刑事起诉和信息战领域的挑衅行为，到实施经济制裁和发动报复性核打击。跨域威慑的主要问题是确定这些措施是否会阻止未来网络空间的侵略行为，或导致外溢效应，消除其他领域长期存在的威慑机制。

在"美国法庭"刑事起诉网络间谍，跨域威慑个人及关联国家。如俄罗斯网络安全公司 M-13 第一副主管弗拉迪斯拉夫·克柳申（Vladislav Klyushin）于 2021 年 3 月 21 日在瑞士被捕，美国当局指控其涉嫌参与一项利用从美国计算机网络窃取非公开信息进行交易的全球计划，并从中获得数千万美元非法利润。2021 年 12 月，克柳申被引渡到美国，据 CNN 报道："克柳申可为美国收集更多俄罗斯干预 2016 年大选及其他情报行动提供重要线索。"不久，俄罗斯情报机构 GRU 前特工伊万·谢尔杰耶维奇·叶尔马科夫（Ivan Sergeyevich Yermakov）被联邦调查局（FBI）通缉，原因是受克柳申雇佣，参与了 2016 年美国大选的网络入侵行动。可见，美国的首要法律目标是在"美国法庭"上追究攻击责任，正如 FBI 网络部门副助理主任托尼·乌戈雷茨（Tonya Ugoretz）表示的："没有什么比起诉书更能说明间谍身份归属了。"

实施经济制裁威慑网络恶意行为。美国财政部自2015年4月以来一直利用有针对性的经济制裁,应对源于境外,影响美国国家安全、外交政策和经济的恶意网络活动。时任总统奥巴马签署了第13694号行政令,宣布全国进入网络安全紧急状态;2016年12月,签署第13757号行政令,对第13694号行政令进行了修订,增加了被制裁人员名单,并扩大了受制裁的网络活动范围。随后几年,其他与网络相关的制裁计划接踵而至,包括第13722号行政令、封锁朝鲜政府和朝鲜劳动党的财产、禁止与朝鲜有关的某些交易(2016年3月)和《通过制裁对抗美国对手法案》(2017年8月)。此后,美国外国资产管控办公室(OFAC)对来自中国、伊朗、朝鲜和俄罗斯的近200名个人和企业实施了与网络有关的制裁。欧盟通过欧盟理事会2019/797号决议和2019年5月的2019/796号法规"针对威胁欧盟或其成员国的网络攻击的限制性措施"部分效仿了美国的做法。

"报复性核打击"应对网络攻击,可能会起到适得其反的效果。2018年1月,《纽约时报》称2018年美国核态势评估草案提出:"允许使用核武器来应对美国基础设施的广泛破坏(非核攻击),包括最严重的网络攻击。"胡佛研究所高级研究员艾米·泽加特(Amy Zegart)当时质疑道:"我们真的认为美国政府会在一次网络攻击后发动核报复性打击,不管它会给美国造成多大的后果吗?这真的是强大的威慑战略吗?"同样,哈克内特和费舍尔凯勒在2017年提出,增加一系列较弱选项并不能增强威慑力,只揭示了其与网络领域的内在不相容性。

第 4 章 前沿防御

4.1 前沿防御的起源

1. 北约前沿防御战略概念

"前沿防御"（Defense Forward）的起源要追溯到冷战时期北约的威慑与防御战略。前沿防御一直存在于北约战略概念发展的思想当中，并随着竞争环境的变化进行应用调整。1949—2022 年，北约共发布了 8 个战略概念及对应的规划指导文件。1949 年发布的首个"北大西洋地区防御战略构想（DC 6/1）"核心是威慑，除提出应用核武器外，还指出应用前沿防御，通过部署大规模部队，保卫盟国免受入侵。1952 年第二个"北大西洋公约区域防御战略概念（MC 3/5）"，更加强调前沿防御，强调将苏联拒止于东欧，尽可能在德国东部牵制苏联，避免遭受苏联的进一步侵蚀。1957 年第三个"北约地区防御总体战略概念（MC 14/2）"提出基于"剑"和"盾"两大支柱的平衡威慑战略：由前沿部署的"盾"部队实施拒止，由美国战略轰炸机"剑"部队进行"大规模报复"威慑，"盾"部队作为一体化核威慑和早期预警系统的一部分，强化了北约"大规模报复"能力。1968年提出第四个"北约地区防御总体战略概念（MC 14/3）"，由于核威慑效果受限，北约将"大规模报复"策略转换为"灵活反应"，并强调迅速加强"盾"部队，在适当的战术位置部署适当的纵深梯队；通过后勤支援和战术机动性，应用盟国部队补充当地部队力量，迅速增强其前沿防御能力。冷战结束后发布的三份战略概念，不再强调威慑和前沿防御，转向通过"均衡的力量组合"，实施"广泛的安全策略"。北约从前沿防御转向减少前沿存在，东欧盟国前沿部署大幅减少，也不再维持中欧全面的线性防御态势，而是强调欧洲内部和北美及时增援和补给的能力。

近年来，随着国际局势持续动荡，北约认为自身安全受到极大威胁，因此，重新强调威慑，包括核威慑和前沿防御。如2014年俄罗斯占领克里米亚并支持乌克兰东部顿巴斯地区独立，北约决定通过增强前沿部署来加强威慑。2022年发布的第八个"北约战略概念2022"，提出在所有作战域进行威慑、防御、竞争和拒止；继续加强部队的集体战备状态、反应能力、可部署性、一体化和互操作性；投资于战备、威慑和防御能力，以应对国家和非国家行为者强制使用政治、经济、能源、信息和混合战术的行为。

2. 美国前沿防御战略概念

第二次世界大战结束以来，美国一直使用前沿防御思维，通过前沿部署军事力量来推进美国利益。前沿防御战略态势是美国和北约"遏制"大战略的重要组成。冷战时期的前沿防御包括通过将美国和盟军部署在下一次世界大战潜在战场的前线来投射力量。这些前沿部署部队的目的是：威慑并向苏联表明美国的决心和能力；如果发生冲突，能够从更有利的位置快速做出反应；获取情报和预警；以及对盟友做出可信承诺。

第 4 章 前沿防御

随着网络空间战略竞争加剧,美国网络威胁对抗策略向更加有效、主动的前沿防御和持续交战原则转变。2018年,美国重新明晰了一系列网络空间国家安全战略政策:一是国会澄清了军事网络行动的法定权力,明确网络司令部可以开展传统的军事活动,使得网络攻防行动得到持续开展;二是白宫发布了《国家网络战略》,将经济、外交、情报和军事努力集成于网络空间;三是发布《国防部网络战略》,提出持续威慑网络赋能战争,并首次提出"前沿防御"战略概念,承认在网络空间捍卫美国需要在美国网络之外和攻击来临之前执行行动;四是《获取并维持网络空间优势:美国网络司令部愿景》中采用了新术语:前沿防御和持续交战,提出在尽可能接近对手行动的源头进行前沿防御,同时,通过持续交战对对手施加战术摩擦和战略成本,迫使其将资源转移到防御,减少攻击。

特朗普政府期间,美国网络空间日光浴委员会试图将布什、奥巴马和特朗普政府执政期间提出的不同战略方向,即威慑、规范和前沿防御/持续交战战略进行融合,提出了一项极具综合性和系统性的跨部门网络安全战略概念——分层网络威慑。该战略概念将美国国防部的前沿防御提升为国家战略概念,并提出前沿防御应成为新国家网络战略的核心要素,指导美国的网络空间行动。

4.2 理解前沿防御概念的基本内涵

1. 新的网络战略环境特点与安全逻辑

物理战场前线可预测,但网络空间中的战场很难预测或确定明确的前线,网络攻击往往超出最初的目标,并感染其他网络。网络空间复杂的互联互通和全球覆盖性使得北约和美国重拾前沿防御行动策略，并将其作为国家网络战略的核心。因此，认清新的网络战略环境的特性，对于理解前沿防御至关重要。

主张前沿防御和持续交战的美国学者认为：网络空间从根本上引入了一种新的安全逻辑。与常规或核战略环境中的安全逻辑有着根本不同，核武器的战略价值在于拥有而不在于使用，网络能力的战略价值在于使用而不在于拥有。学者们指出新网络战略环境的特性如下。

（1）互联（Interconnectedness）不仅仅是互联网全球性互联的一个描述，而是网络空间的核心结构特征。互联及其所创建实体间持续接触（Constant Contact）的条件，定义了网络空间的特征。

（2）新的网络战略环境处理的是持续的战役（Campaign），而不是偶发的事件、入侵或黑客活动。网络行动者间的互动无处不在，但不等同于冲突升级。

（3）网络空间作战需要网络交战规则（Rules of Cyber Engagement），而不是应急计划选项，因为网络空间中的活动是连续的而不是偶发的，且成本和收益是累积的（Cumulative），而不是基于事件的。

（4）安全来自积极和可预见（Active and Anticipatory），寻求主动（Initiative），而不是在遭受攻击前无所作为和保持克制，或仅采取事后响应行动。

（5）网络空间行动应着重于抓住机会目标（Seizing Targets of Opportunity），而不是抓住风险目标（Targets at Risk）。

经验记录表明，最有效的网络空间行动是开拓性的（Exploitative），而非强制性的；应设定安全条件，而不是强加成本。

（6）低于武装冲突阈值的竞争（Competition Below the Level of

Armed Conflict）在战略效果上等同于战争和防守性攻击。

可见，新的网络战略环境是由在任何特定时刻拥有主动权的行为者驱动的，利用脆弱性来追求累积的战略收益。前沿防御是一种与对手持续交战的姿态暗示，用符合国际法的方式，运用一切可能的权限、途径和能力来防御网络空间。

2. 前沿防御对美网络空间作战的战略要求

前沿防御策略是冷战期间美国与北约大战略的基础，其将力量和能力在地理上和虚拟上都处于前置状态。在网络空间，前沿防御理念要求行动者必须主动发现、追求和反制对手低于武装冲突阈值下的行动，并施加代价。如俄罗斯"干预选举"就是典型的低于武装阈值的网络攻击，也是美国实施网络威慑的主要对象。

前沿防御规定了美军网络空间作战的战略要素，而持续交战则是美军实施战略的方式，即通过持续交战实施的前沿防御战略。2018年《国防部网络战略》要求国防部在日常竞争中保持前沿防御。前沿防御重点不是保护友好（"蓝色"）网络，而是降低对手网络作战的能力，这意味着前沿防御的目标是针对美国发起网络作战的网络、工具、机构和人员，目的是降低针对美国关键基础架构发动网络作战的整体复杂性和优势。同年的《获取并维持网络空间优势：美国网络司令部愿景》提出：网络任务部队通过增强弹性、前沿防御和持续与对手交战来保持战略优势。其中，增强弹性可降低美国国内攻击面，预判对手的行动，在响应中增加灵活性；前沿防御可尽可能接近对手行动源头，了解对手的意图和能力，从而接近其源头进行反击。

3. 掌握主动是前沿防御的核心

特朗普时期，美国网络空间日光浴委员会发布的综合战略报告提出："美国必须从对已发生的恶意行为做出反应，转向主动观察、追踪和打击对手行动，并施加成本以改变对手行为。"这与网络司令部关于前沿防御和持续交战的战略原则与愿景相符，即掌握设定安全条件的主动权。该报告称，"在符合国际法的前提下，与敌手持续交战是综合努力的一部分，要运用任何可用权限、途径和能力（如法律、金融法规、外交、教育）来保卫网络空间"。可见，以掌握主动权为核心的持续交战原则正是前沿防御概念的核心，适用于所有国家力量资源，包括外交、信息、军事、经济、金融、情报和执法（DIMEFIL）。

该报告还提出了重要的"分层网络威慑"战略方法和概念，其建立在前沿防御的基础上，包含三个"分层"，分别为施加成本（第3层）、拒止获益（第2层）和塑造行为（第1层）。在此框架中，前沿防御思想贯穿了第3层，但同时也通过该层执行助益第2层和第1层的威慑。美国网络空间日光浴委员会在报告中指出，网络司令部利用前沿防御和持续交战来发现恶意软件，支持达成第2层（拒止获益）的广泛目标，通过允许私营部门制订响应计划来预防其系统遭到破坏。同时，前沿防御和持续交战通过支持建立和增强规范，帮助第1层（塑造行为）广泛目标的达成。

4.3 美军实施前沿防御概念开展的相关行动及影响

美国相关学者通常将前沿防御概念分为两类："大前沿防御"（国家级）和"小前沿防御"（国防级）。"大前沿防御"是指力量和能力

第4章 前沿防御

在地理上和虚拟上都处于前置状态。"小前沿防御"是指军事力量和能力的前置状态。美国近年来以前沿防御概念为指引开展了多项国家和国防层面行动。

1. 国家层面前沿防御行动的开展

在国家层面，美国已在前沿部署了大部分国家权力工具，如美国使馆提供外交、经济和其他能力；联邦调查局在海外设立办事处；情报机构在全球各地部署物理或虚拟能力等。其部署核心不是将美国的资产前移，而是要掌握主动权，这一点同样适用于非前沿的国家权力工具。

在网络空间领域，国家权力机构也采取前沿防御主动行动，遏制对手在网络空间或通过网络空间发起行动。例如，美国国会曾提议加强美国外国投资委员会的权力；司法部提出打击知识产权盗窃的"中国倡议"；国家安全局成立网络安全局以消除对国家安全系统和关键基础设施的威胁，首要关注的是国防工业基础和"武器"安全性改善；网络司令部通过持续交战战略促成国防部已建立的前沿防御架构付诸行动。这些行动反映了"前沿防御和持续交战"战略取得的全方位成功。

2. 国防层面前沿防御行动的开展

美军公开报道实施"前沿防御和持续交战"的成功案例有三个。

1）2018年美国大选期间采取主动网络行动确保选举免受外部干扰获得成功

与2016年或更早采用的方法有根本的不同，美国网络司令部在2018年中期大选中采取了"威胁监视+信息共享+直接行动"的方式保护大选免受对手干涉：一是监视对手网络活动开展情报搜集；二是与联邦政府合作共享情报；三是直接对试图干预选举的对手采取行动。

通过"任务中心+作战室+行动中心"的方式开展合作。一方面，美国网络司令部及国家安全局通过"任务中心"和参与选举安全的所有联邦机构建立联系，实时共享涉及大选的网络安全情报信息。另一方面，美军在"作战室"设有待命的网络防御部队，可根据国土安全部情报开展行动；"行动中心"设有网络任务部队，在对手试图干预选举的情况下可对其采取行动，一系列举措成功遏制了俄罗斯对该次美国大选的干扰。

此外，为尽可能地接近对手，网络司令部还在国外网络中开展"前出狩猎"行动，以发现可用于对付美国民众或选举基础设施的恶意软件和敌方策略，进而与合作伙伴共享信息达到向对手"施加成本"的效果。网络司令部司令中曾根及其高级顾问迈克尔·苏尔迈2020年8月在《外交事务》发文称："近年来，网络司令部执行的许多'前出狩猎'任务的净效果是对数百万个系统进行'免疫接种'，降低了已暴露恶意软件和对手的未来效力。"

2）2019年伊朗击落"全球鹰"无人机，美国以网络攻击伊斯兰革命卫队导弹控制系统作为报复

2019年6月20日，伊朗防空部队综合系统在霍尔木兹海峡上空用地对空导弹击落美国RQ-4A"全球鹰"BAMS-D无人侦察机。伊朗和美国对此事件的实际发生地点存在分歧，伊朗方面认为无人机侵犯了他们的领空，而美国回应说，这架无人机在国际空域。时任美国总统特朗普最初下令对伊斯兰革命卫队的雷达和导弹基地进行军事打击，但这一决定随后被推翻。特朗普下令以网络攻击作为

第 4 章 前沿防御

报复，旨在禁用击落当天用于控制火箭和导弹发射的计算机系统。网络攻击持续了数周甚至数月，并由美国网络司令部与美国中央司令部共同处理。这是自 2018 年 5 月网络司令部升级为全面作战司令部以来首次进攻性武力展示。同时，美国国土安全部向美国工业界发出预警，称伊朗正在加强对关键行业，尤其是石油、天然气和其他能源部门和政府机构的网络攻击，并有可能破坏或摧毁系统。尽管伊朗称该目标系统已被防火墙防御，未造成损失，但此次行动美军成功对伊朗乃至其他潜在对手实施了强有力的网络威慑。

3）2016 年 "发光交响曲" 行动打击虚假信息攻击，消除 "伊斯兰国" 在社交媒体中的宣传

2016 年，网络司令部在 "发光交响曲" 行动中对 "伊斯兰国" 发动了网络攻击，目的是破坏其内部通信、操纵数据，并摧毁该组织的安全信心。特别将关键人物锁定在其账户之外，删除宣传文件，并使这一切看起来像普通的 IT 问题，而不是蓄意攻击。这一行动中，美军直接攻击位于他国的服务器，并达到打击效果。

上述行动将前沿防御和持续交战的核心融为行为战略：预先发现可被利用的漏洞来推进总体防御目标，包括通过制造组织摩擦颠覆对手，以及让对手从攻击美国转向不得不发现自身网络中的弱点。前沿防御思想的战略核心是掌握主动权，可见，前沿防御和持续交战及其体现的战略原则是美国制定国家网络战略的有效基础和试金石。

第 5 章 分层网络威慑

5.1 分层网络威慑的背景

1953年，为解决美国政府对苏联的战略分歧，确定战略方向，时任美国总统艾森豪威尔成立对苏联战略专家小组并发起"日光浴计划"，系统地评估国家安全战略选项，制定国家安全战略基本文件，为20世纪后半叶美国对苏联战略奠定了基础。如今，面对网络空间新的"大国竞争"博弈态势，要求效仿当年"日光浴计划"，成立网络空间专家组的呼声不断出现，对国家网络安全顶层战略指导文件的需求不断增多。

2018年8月，美国总统特朗普签署了2019年《国防授权法案》，根据法案要求，于2019年5月8日成立了"美国网络空间日光浴委员会"。委员会基本职责包括四项：在美联邦政府各部门建立达成广泛共识的网络安全保护战略路径；权衡网络保护及发展战略成本和收益；预判敌对国家策略和意图，制定有效的战略手段和战略措施；评估美国现行网络领域相关政策和主要机构运行情况并提出改革建议。委员会成立后，在约四十名网络和国家安全领域专家的支持下，就网络安全领域一系列问题开展了近一年的研究，最终形成首份战略

第 5 章　分层网络威慑

报告，提出分层网络威慑（Layered Cyber Deterrence）这一战略概念和方法。

5.2　分层网络威慑的基本内涵及主要内容

1. 基本内涵

第 2 章提到，分层网络威慑建立在前沿防御的基础上，前沿防御继承了持续交战的逻辑，在实践中最接近威慑概念下的拒止威慑。分层网络威慑概念示意图如图 5.1 所示。分层网络威慑融合了网络威慑与前沿防御等思想，特别是以美国长期奉行的"威慑"作为基础理念，沿袭了美国多份战略文件视中俄为主要对手的政治思维，谋求建立美国主导下的网络空间国际秩序，是对以往美国网络空间战略概念思想的延续和升级。

美国认为，目前的网络空间态势是无法接受的，对手的网络作战能力不断增强，而美国的网络漏洞却在不断增多。大规模的网络攻击可能导致大规模的物理破坏，引发政府盲目应对，进而扼杀数字经济创新并进一步侵蚀美国实力。为避免这种结果的出现，美国政府必须采取有效的"威慑"战略。美国网络空间日光浴委员会主席指出，"威慑"的实现依赖四个条件：一是依赖有弹性的经济，持续的经济计划是使社会在遭受灾难性网络攻击后迅速恢复运行的基础；二是需要政府的有效改革，提升现有网络机构能力并赋予其畅通的协调权力；三是需要提升并加强私营部门实体的安全态势，美国大部分关键基础设施由私营部门掌控，在面临网络攻击时，私营部门必须能够迅速、灵活地采取行动，阻止网络攻击在其所在关键基础设施网络范围内爆发，并影响更大范围的国家安全；四是依赖稳定的选举安全，确保选举制度不受外国操纵，降低威慑失败率。实施分层网络威慑将有效应对以上需求并解决问题、缓解威胁。

分层网络威慑立志于解决两个重要的基本问题：一是美国将采取什么战略方法来抵御具有重大后果的网络攻击？二是执行这一战略需要哪些政策和立法？其最终目标是通过"塑造行为、拒止获益、追加成本"来有效降低美国遭受重大网络攻击的可能及影响。因此，分层网络威慑可以理解为一种概念，也可以理解为一种战略方法。

"塑造行为、拒止获益、施加成本"三种方式涉及不同威慑层，通过转变对手在攻击成本和攻击获益方面的观念，提高美国网络安全。三个威慑层分别对应六项政策支柱，这些支柱包含约75项政策建议，代表了实施分层网络威慑的手段，与美国以往的威慑战略相比更加富有进攻性和实践性。

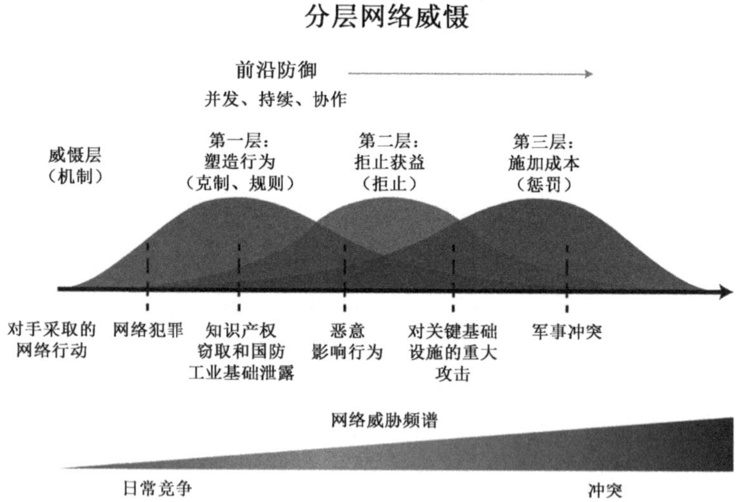

（注：图来自美国网络空间日光浴委员会2020年3月发布的最终报告。）

图5.1　分层网络威慑概念示意图

2. 概念基础

分层网络威慑的实施基于一个共同的基础：对内改革，即改革美国政府内保护网络、应对网络攻击的组织。美国认为，其政府目前尚不具备在网络空间保卫国家所需的速度和敏捷性，需要提高政府组织同步、持续和协作的能力，并保留军事选项，以应对网络威胁。改革后的政府监管机构和组织,应与分层网络威慑思想相契合，并有充足的资源和人力。

3. 三层威慑

由于美国依赖私营部门掌控的关键基础设施，因此，美国认为，政府、私营部门及主要的国际伙伴必须合作建立国家弹性，并以提升安全的方式重塑网络生态系统，对恶意行为者施加成本，并防止重大后果出现。在这种情势下，分层网络威慑在结合传统威慑机制的基础上将威慑作用扩展至政府之外，以期发展一种全面的威慑方法。概念中的"分层"将网络威慑分为三个层次，对应三种战略手段。

1）第一层：塑造行为

第一层的重点是"克制、规则"。第一层强调美国政府与盟友伙伴合作，通过强化网络空间规则和采取非军事手段等方式，塑造负责任的网络空间行为，并鼓励各网络空间行为体保持克制。只有在美国的领导下，才能产生有效的规则。美国需要联合伙伴国和盟国组建联盟，以保护网络空间的共同利益和价值观。这一层的合作行动包括但不限于外交、执法合作和情报共享。随着时间的推移，盟友可以通过集体行动让恶意行为者付出代价。这种方法虽然不能完全消除国家性质的网络行动或网络犯罪，但持续执行可以显著减少不良行为。

2）第二层：拒止获益

第二层的重点是"拒止"。这一层的核心是减少脆弱面，拒止对手获益，迫使对手在资源、访问和能力方面做出选择。美国政府通过增强国家韧性，重塑网络生态，以及发展政府与私营部门的关系等手段，强化网络态势感知协作及共识，从而阻止对手通过网络攻击获取利益。美国政府需要以举国之力来保护其在网络空间的利益和机制。这一层的行动包括但不限于扩大政府与私营部门之间的业务合作；优先支持具有系统重要性的关键基础设施；通过行政机制提升地方当局和私营部门应对重大网络攻击的能力；汇集网络入侵数据；确保政府情报资源有效地用于支持私营部门网络安全等。随着时间的推移，这些活动将减少攻击面的暴露。

3）第三层：施加成本

第三层的重点是"惩罚"。美国政府使用包含军事行动在内的各种手段，施加代价以遏制冲突，将对手的恶意行为限制在武装冲突阈值之下。因此，在从竞争、危机到冲突的完整交战频谱中，美国必须保持使用网络及非网络作战力量的能力、弹性，从而反制对手。这一层的重要行为是前沿防御，作为分层网络威慑的关键要素，前沿防御要求美国具备持续参与网络空间的能力，积极、综合使用所有权力工具，让对手付出代价，从源头上破坏或阻止恶意网络行动。同时，本层还要求美国政府在确保网络空间关键武器系统和功能安全、弹性时使用军事力量。

4. 六项支柱

分层网络威慑的三个威慑层由六项政策支柱及相应建议支撑，

这些支柱建议也是实施"分层网络威慑"的主要方式。

1）支柱一：改革政府组织结构

美国认为，政府现行组织架构及管辖权限影响了网络决策流程，限制了政府行动，阻碍了网络运行。因此，各级政府必须迅速进行全面改革，主要措施建议包括发布新版国家网络战略，在国会两院建立网络安全委员会，设立国家网络主任，强化网络安全与基础设施安全局的职能，增加网络人才储备等。

2）支柱二：强化网络规则体系

通过非军事手段强化现行网络规则体系，推动各国承认并遵守相关规则，并与盟国和伙伴国建立联盟，主要措施建议包括建立网络空间安全和新兴技术局并设立助理国务卿，积极参加制定信息与通信技术标准的国际论坛，加强网络空间国际执法工作等。

3）支柱三：增强网络恢复韧性

对可能造成重大损失或影响的网络攻击，美国必须具备足够的承受能力和快速恢复能力，以充分做好应对网络攻击的准备，主要措施建议包括提升网络安全与基础设施安全局管理关键基础设施的能力，制订经济连续性计划，将网络危机状态编入法典，通过网络响应与恢复基金开展资源使用等。

4）支柱四：重塑良好网络生态

美国政府应提升网络生态的安全基线，遏制和约束对手的活动。主要措施建议包括建立并资助国家网络安全认证和标识机构，推动产品最终评估的立法工作，建立网络统计局，开发一项云安全认证，制定并实施信息与通信技术的工业基础战略，出台国家数据安全与隐私保护法等。

5）支柱五：加强公私网络合作

美国政府必须加强与私营部门间各种形式的网络合作，以支持私营部门的网络防御工作，并实现共同的态势感知。主要措施建议包括明确"系统性重要关键基础设施"概念，资助建立联合协同环境，建立网络中心和联合网络规划组等。

6）支柱六：保留军事手段运用

网络空间已成为战略竞争空间，美国必须实施前沿防御，必要时可充分利用包含军事选项在内的所有能力手段，确保其具有充足的网络力量实现网络空间的战略目标。主要措施建议包括对网络任务部队实施结构评估，对所有核武器指挥控制设施进行网络安全漏洞评估，促进多方参与威胁情报共享计划和网络威胁狩猎计划等。

5.3 分层网络威慑的特点

1. 分层网络威慑是美国家网络空间战略的延续

美国网络空间战略在克林顿政府时期萌芽，经历了二十多年的发展逐渐趋于成熟。克林顿政府时期网络安全战略以"全面防御，保护设施"为基本原则，重点关注"网络关键基础设施保护"。2000年出台的《保卫美国的网络空间——保护信息系统的国家计划》成为美国维护网络空间安全的第一份纲领性文件。受"9·11"事件影响，布什政府时期网络安全战略以"安全优先，突出反恐"为原则，结合网络攻防技术，谋求先发制人的战略意图。其2003年颁布的《网络空间安全国家战略》明确将网络空间提升到国家安全的战略高度。奥巴马政府时期网络安全战略以"由防向攻，形成威慑"为原则，着力打造美国网络空间安全立体战略体系，积极寻求更高程度的网络霸权。2015年颁布的《网络威慑政策》标志着"网络威慑"战略已固化为综合性的国家战略政策。特朗普时期以"攻防并举，实力至上"为基本原则，遵循"美国优先"总基调，更加注重网络空间主导权的争夺。2018年颁布的《国家网络战略》进一步强化"网络威慑"，理论与实践的结合更为紧密。分层网络威慑融合了布什、奥巴马和特朗普政府执政期间不同的战略观点，是一项极具综合性和系统性的跨部门网络安全战略概念。

2. 强化掌握网络空间主动权的战略原则

分层网络威慑以传统"威慑"思想为基础，牢牢抓住掌握网络空间主动权这一战略原则，体现了更加主动、更富进攻性的"威慑"理念。该战略概念突出强调"拒止威慑"，通过增强应急处置能力、加强网络韧性及公私间合作交流等方式提高网络空间安全性，为最终建立类似于核威慑的网络空间战略威慑能力提供基础。同时，进一步推动以掌握网络空间主动权为核心的"前沿防御"思想的普及与应用，并将之提升为国家战略概念。"前沿防御"要求主动发现和反制对手网络攻击行动。这意味着美国将主动观察、追击和应对对手的网络活动，向对手表明美国政府将利用一切工具，依据国际法（美国主导的法律解释）对所有网络攻击做出反应，施加成本。同时，在具体建议层面，分层网络威慑强调运用外交、执法行动等非军事手段掌握网络空间主动权，2019年9月美国主导27国发表《关于推进网络空间中负责任国家行为的联合声明》便是其重要体现。

3. 注重建议举措的综合性和系统性运用

美国网络空间日光浴委员会摒弃了以往以联邦政府要员为主体、

政府拥有绝对话语权的组成模式，集合国会、军方、司法、情报等多部门的 14 名官员及 40 名网络和国家安全领域专家，从而保证战略的专业水准，淡化部门利益斗争，充分反映各方想法与诉求。同时，分层网络威慑聚焦保护自身网络安全，系统、全面地阐述实施建议，内容涉及组织架构、机制规范、人才建设、部门协同、新兴技术、外交合作等众多领域，并在提升承受与快速恢复能力、加深与企业的网络安全合作、建设更加安全的网络生态等方面提出建设性措施，反映了美国对其网络安全领域改革的系统性思路。

5.4 分层网络威慑的实施情况

虽然美国政府较少直接使用分层网络威慑一词来描述网络危机应对行动，但其现实做法已反映出政府正在运用分层网络威慑方法协同应对特定威胁。例如，美国政府在应对"太阳风"网络攻击事件时，分别运用了三层威慑：一是通过系列能力建设项目塑造行为，如拜登政府对内进行机构调整、人事安排、资金支持等方面布局，对外建立网络外交规则等；二是通过公私合作的一系列措施增强网络弹性，阻止对手通过网络攻击获益；三是通过制裁向敌对行为体施加成本，包括制裁多个俄罗斯实体、驱逐俄外交人员等。

1."塑造行为"相关做法

在美国网络空间日光浴委员会提出的建议中，加强美国国务院的网络外交是提高美国在网络空间塑造行为能力的主要建议，美国在实现这一目标上已经取得了明显进展，美国众议院通过的《网络外交法案》（Cyber Diplomacy Act）则是其迈出的重要一步，该法案规定了美国就网络空间政策与外国进行外交接触的相关要求。具体而言，该法案将在国务院内设立国际网络空间政策局，就网络空间问题向国务院提供建议，并就国际网络安全、互联网访问和自由及国际网络威胁等问题引领外交方向。法案要求总统必须制定一项战略，推进美国与外国政府就网络空间中负责任的国家行为等相关国际准则进行外交接触。美国政府认为，这一系列措施将使美国在塑造盟友和对手的行为方面处于有利地位，使美国的国际网络规范战略和国际网络空间事务得到应有的资源和关注。

从历史上看，美国在塑造行为能力方面早已开始布局，如美国一直是联合国政府专家小组和联合国开放工作小组网络规范论坛中活跃的参与者。同时，通过综合拨款法案，美国在国际网络安全能力建设方面的资助得到了适度增加，为有效影响网络空间对手行为、践行网络威慑提供了支持。

2."拒止获益"相关做法

美国在拒止获益方面做出的一项重要决定是将"经济连续性计划"纳入 2021 年《国防授权法案》，以确保在发生重大网络中断时，经济关键职能可以继续运行，从而降低对手执行此类行动的动机。另一项重要决定是将特定部门机构设定为部门风险管理机构，拒止获益成功的关键是与私营部门和联邦政府以外的其他利益相关者进行广泛的合作，因此，美国政府特别关注网络安全与基础设施安全局（CISA）如何支持联邦机构通过与私营部门合作来建立弹性，通过在全国范围内建立更有弹性的系统，减少网络攻击对美国的伤害，运用有效的威慑手段削弱对手从攻击中获益。此外，美国联合网络规划办公室和 CISA 综合网络中心将分别侧重于协调公共和私营部门之间的网络安全准备和规划，以及支持该机构的关键基础设施安全和弹性任务。

拒止获益在美国网络空间日光浴委员会的《构建可信 ICT 供应链白皮书》中也受到了重点关注，其中许多建议已经通过美国供应链相关行政令开始实施。例如，发展工业基础战略、识别关键技术，并指定领导机构协调供应链风险管理等。此外，通过实施国防工业基础内的情报共享和网络威胁狩猎等计划，对支撑国家网络安全的系统进行改进，拒止对手的可能获益。

3."施加成本"相关做法

对施加成本相关建议的落实在美国国防预算中体现得最为直接，直接影响着国防建设。如评估建立军事网络人员储备、研究与网络安全和如量子计算等新兴技术相关的武器系统的潜在脆弱性等。当然，并不是所有施加成本的能力都是军事上的，例如，为完善网络空间国际执法，增加联邦调查局网络助理法律事务员（Cyber Assistant Legal Attachés）的数量，提升恶意行为者责任追究时效性等。

在分层网络威慑的 48 项立法建议中，已有 16 项被 2021 年《国防授权法案》网络空间板块采纳（详见表 5.1），采纳率高达 33%，涉及设立国家网络主管、网络部队结构改革、行动授权、武器系统网络安全、威胁情报整合、网络人才储备、量子计算安全、军地协作网络安全行动、联邦网络中心的整合、举行网络演习等多项措施。

表 5.1 美国 2021 年《国防授权法案》中采纳分层网络威慑建议对应表

序号	立法建议	出处	《国防授权法案》相关规定	出处
1	指示国防部对网络任务部队进行部队结构评估	6.1	修订四年网络态势评估	1706 节
2	评估网络行动的授权	6.1.3	修订四年网络态势评估	1706 节

续表

序号	立法建议	出处	《国防授权法案》相关规定	出处
3	评估核指挥控制与通信系统的网络漏洞，并持续评估武器系统网络漏洞	6.2	修改国防部战略网络安全计划和主要武器系统网络漏洞评估相关的要求	1712 节
4	授权部门和机构送达行政传票，以支持威胁和资产响应	5.1.3	传票授权	1716 节
5	强化网络威胁情报整合中心	1.4.1	网络安全咨询委员会	1718 节
6	加强联邦网络空间人才建设	1.5	网络安全教育和培训援助计划	1719 节
7	评估和确认量子计算对国家安全系统构成的风险	6.2.4	评估量子计算对国家安全的风险	1722 节
8	将国防部参与公私网络安全行动倡议制度化	5.4.1	评估网络安全方面的公私合作	1728 节
9	明确美国国民警卫队的网络能力和加强互操作性	3.3.6	国民警卫队的网络能力和互操作性	1729 节
10	评估军事网络人才储备的建立	6.1.7	国防部非传统网络支撑力量评估	1730 节
11	加强 CISA 的集成网络中心能力，推进联邦网络中心的整合	5.3	综合网络安全中心计划	1731 节
12	要求国防工业基础参与威胁情报共享计划	6.2.1	国防工业基础威胁信息共享计划评估	1737 节
13	要求在国防工业基础网络上进行威胁搜寻	6.2.2	国防工业基础网络安全威胁搜寻计划评估	1739 节
14	每两年举行网络演习	3.3.5	国家网络演练	1744 节
15	指示国防部为美国网络司令部创建主要部队计划资助目录	6.1.1	启用美国网络司令部资源分配报告	1746 节
16	设立国家网络主管，担任网络安全及相关新兴技术问题的总统首席顾问	1.3	设立国家网络主管	1752 节

第 6 章 前出狩猎

6.1 前出狩猎的背景

1. 战略方向的转变

2018 年 9 月，特朗普政府先后颁布《国家网络战略》和《国防部网络战略》，凸显"美国优先"底色，承诺通过各种可用的方式确保美国在技术生态系统的影响力和新兴技术的领导地位，确保美国网络实力无人能及。2018 年 9 月出台的《国防部网络战略》重申了"前沿防御"和"持续交战"理念，是美军网络作战和战略思维的重大变革。正如美国网络司令部司令保罗·中曾根所言：美军要从被动式"响应性力量"转变为"持续性力量"，随时且持续与在网络空间危害美国利益的敌人短兵相接，用实力施压，增加对手发动网络行动的顾虑。为此，2019 年《国防授权法案》及 2018 年 8 月特朗普签署的关于"美国网络行动政策"的第 13 号国家安全总统备忘录下放权力，简化国防部发起进攻性网络行动的审批程序。

第 6 章 前出狩猎

2. 网络行动范围及方式的转变

上述战略方向的转变表明,美国网络行动的范围将不限于本国网络设施、信息系统和数据,美军可以维护国家安全为由对全球任意目标进行网络渗透和网络攻击。美国网络司令部和美国网络安全与基础设施安全局(CISA)开始广泛发布有关恶意软件和威胁的信息,并创建了以特定问题工作队为中心的新的运行结构。

基于上述背景,美国网络司令部在 2018 年开发了前出狩猎(Hunt Forward)任务,并在全球范围开展了前出狩猎行动(HFO),该任务最初作为美国网络司令部加强选举安全工作的一部分,而后不断扩大范围。前出狩猎行动在海外进行网络力量部署,并将对外情报收集活动中获得的"网络威胁情报"与美国政府、产业界、同盟国政府进行情报共享,提供威胁预警,并共享人才力量,支援美国和同盟国、伙伴国双方加强对威胁状况的掌握和应对能力。《国防授权法案》将前出狩猎行动视为保护国土的关键组成部分,也是"持续交战"新战略的一部分,是美国网络司令部执行"前沿防御"的具体手段。

6.2 前出狩猎的基本内涵

1. 行动目标

美国网络司令部在总结和网络安全与基础设施安全局共同开展的一次前出狩猎行动时指出:前出狩猎行动是美国在网络空间中防御敌手的一种方式。这些任务通过生成洞察能力来了解对手,通过与伙伴国家、部门、机构和网络安全行业共享信息来实现防御,并在需要时提供破坏、降低或击败恶意网络行动的机会。

前出狩猎执行主任在 2022 年 6 月 27 日的网络安全圆桌会谈中指出：前出狩猎行动的目标是了解对手在外国网络空间的行为，使合作国加强其网络防御，掌握对手恶意软件等相关技术，并在国防部和企业间共享。

美国及其同盟国在印太安全合作研讨会的报告中指出：前出狩猎行动旨在打造美国及其合作伙伴的双赢局面，伙伴国政府受益于美国的网络安全工具和威胁情报，美国网络司令部通过在这些国家的网络上安装传感器，使美军更容易掌握美国境外的威胁。

综上，前出狩猎行动是美国在网络空间中主动防御敌人的一种方式，其目标有两个：一是了解美国对手在外国网络空间的行为，通过美国的网络安全工具和威胁情报加强伙伴国的网络防御；二是掌握美国对手的恶意软件技术，并通过与伙伴国家、部门、机构和网络安全行业威胁信息共享来实现本土防御，并在需要时提供破坏、降低或击败恶意网络活动的能力。

2. 主要参与方及行动对象

1）参与方

国防部方面包括网络司令部、网络国家任务部队（负责实施网络空间作战、对国防部信息网络和国家重大网络空间威胁进行打击）及各军种网络部门；商业供应商包括 Sealing Technologies、JFL Consulting 等。

2）行动对象

一是北约及欧盟成员国，美国与其保持着牢固的双边网络安全伙伴关系，美国网络司令部在北约和欧盟成员国执行前出狩猎任务，

第6章 前出狩猎

收集恶意网络活动的情报；二是美国的印太盟友，美国网络司令部与印太盟友进行前出狩猎行动，盟友通过授予其网络访问权来推进"持续交战"。

3. 国际合作机制

若盟友不愿公开宣扬合作或能力建设，美国网络司令部、国务院和国土安全部会基于盟友对公开展示网络合作的意愿，采取一种由官方网络安全工作组、能力建设或第1、第1.5和第2轨对话组成的灵活的磋商机制，即官方与非官方结合的磋商机制，来开展国际合作。

6.3 前出狩猎行动的特点

1. 行动规模大、范围广

截至2023年3月，公开资料显示，网络国家任务部队（CNMF）已在全球22个国家的超过65个网络中开展了42次前出狩猎行动，包括爱沙尼亚、立陶宛、克罗地亚、黑山、北马其顿、乌克兰、阿尔巴尼亚等，美军认为，这些国家政府的网络能力通过美国网络司令部的协调与前出狩猎行动的开展获得了提升。仅2020年，美国网络司令部为保障选举安全，就在9个国家开展了11次前出狩猎行动。2021年11月，美国网络司令部副司令查尔斯·摩尔中将表示："自2018年以来，美国网络司令部已将前出狩猎行动扩大到所有主要对手。"

2. 与合作国及本国共享威胁情报

前出狩猎任务既包括对他国的网络防御支援，也包括技术情报的收集和分析，网络国家任务部队、网络运营商与合作伙伴共同在东道国指定的网络上寻找破坏性网络活动和漏洞，与该国及美国公共和私营部门共享威胁情报，从而在对手对付美国之前加强本土防御。如 2020 年美国总统选举期间，美国网络司令部在 VirusTotal 账户上传了新的 Comrat 和 Zebrocy 样本，网络安全与基础设施安全局和联邦调查局的网络入侵预防和响应行动指挥中心（Cywatch）合作，发布了安全咨询意见。

3. 通过威胁信息共享，增加攻击成本

2018 年，针对破坏美国总统选举的行动，美军在黑山、北马其顿和乌克兰开展了多次前出狩猎任务，应其他国家邀请寻找对手植入的恶意软件和网络威胁指标，利用这些信息掌握对手的谍报技术，并与国土安全部和联邦调查局合作，公开发布恶意软件，使国土安全部能够加强选举基础设施的安全性，支持联邦调查局在社交媒体平台上打击俄罗斯，为其国内外合作伙伴实施网络防御提供保障。前出狩猎通过向私营部门提供威胁信息，促使其采取主动防御行动，降低对手恶意软件的有效性，增加对手的攻击成本。网络司令部还执行了进攻性网络和信息作战，基于跨机构协作对每个项目进行全面规划及风险评估，共同保障了 2018 年中期选举的安全。

4. 派驻行动小组参与战争网络支援

中曾根在 2022 年证词中明确指出：美国网络司令部一直是应对俄乌危机的重要组成部分。俄乌冲突开始前，美国网络司令部就向乌克兰部署了一支前出狩猎小队，旨在提供情报以建立威慑，通过为美国政府和产业界提供威胁情报来加强关键基础设施部门的安全，增强美国、乌克兰及欧洲的网络弹性和国土防御能力，并加快打击

犯罪网络集团。俄乌冲突爆发后，美国网络司令部执行战时前出狩猎作战行动，以识别网络漏洞，同时为乌克兰提供远程分析支持，旨在加强乌克兰和北约盟国及伙伴的网络弹性。

5. 倾向于进攻战术

前出狩猎执行主任戴夫·弗雷德里克在2022年6月27日的网络安全圆桌会谈中表示：前出狩猎允许国防部更倾向于进攻战术。在对中曾根的公开采访中，他也表示：俄乌冲突中美国已经在整个范围内进行了一系列进攻、防御和信息作战行动，这与网络司令部前出狩猎的原则相一致，同时表明了进攻行动是符合国防部政策的。

6.4 前出狩猎的技术基础

1. 依托美国国家安全局的技术基础

美国国家安全局负责为美国政府的所有国家安全系统开发加密功能和网络安全标准，并为国防部的非机密网络制定标准。前出狩猎行动由美国网络司令部负责，依托了美国国家安全局在密码学和网络安全方面的技术基础。

2. 发挥国防工业伙伴在威胁情报共享及关键技术支撑方面的重要作用

前出狩猎执行主任弗雷德里克曾强调工业合作伙伴在帮助国防部方面的作用，指出前出狩猎使国防部能够与关键的国防工业实体共享威胁情报，并提供大数据平台、进攻性武器、防御工具和传感器等关键技术及训练环境等推进任务完成的相关能力,从而增强军方的网络态势感知。另外,国防部近年关注并计划利用国防工业伙伴力量将人工智能和机器学习应用于网络作战任务,同时指出美国网络司令部在发布有关潜在威胁的预警方面还有待提升。

3. 模块化的自动部署、配置及数据流技术支持

2022年4月,美国网络司令部网络采购办公室与Sealing Technologies公司签署了一份价值近6000万美元的合同,内容是为前出狩猎行动提供在伙伴国家网络上开展海外防御性网络行动的设备原型方案。该方案提供了一种涵盖软硬件的便携式威胁搜索平台,用于发现、报告和消除非美国基础设施上的对手活动,并将资讯传回政府网络,以汇总、分析及报告非IT系统的威胁。还将为网络国家任务部队提供对网络行动的自动化部署、配置及数据流支持。其采用灵活的模块化设计,并可针对性能增强要求进行优化,确保网络国家任务部队完成全球作战使命。另外,中曾根指出:快速编组针对网络和物理威胁的防御还需要大数据、人工智能和机器学习等技术工具支持。

6.5 前出狩猎的主要影响

1. 形成更广泛的网络威胁情报同盟,生成全方位的"网络触角"

前出狩猎行动通过在国际范围内的广泛开展,将逐步积累其网络威胁情报资源,完善机制,形成更广泛的网络威胁情报同盟。如美国深度参与乌克兰网络建设,将其作为对俄罗斯进行近距离侦察、网络渗透和网络攻击的桥头堡,为与俄罗斯的网络对抗作准备。除

乌克兰外,美国在亚太地区也在做同样的事情,炒作中国对其周边国家的网络安全威胁,以此引诱周边"网络安全合作",企图将美国的"网络触角"拉到中国家门口。这与美国在中俄附近部署导弹和反导系统的意图相似,不仅增强了美国的威慑和进攻能力,还将形成对我国网络工具的进一步探测能力。

2. 削弱目标国家的网络攻击能力

前出狩猎通过对目标国家的网络攻击行为施加成本来达到威慑与"持续交战"目的,目标国家将由于其恶意软件被公开等因素,转换网络攻击工具或模式,收缩其网络攻击能力。2019年,美国通过前出狩猎瞄准了伊朗准军事部门用来策划袭击油轮的关键数据库,削弱了其欲打击波斯湾航运的能力。在对中国的影响方面,美国网络司令部可应东道国要求,部署前出狩猎小组开展作战支持行动。

本篇结语

本篇在充分挖掘开源资料的基础上,对与网络空间作战域紧密相关的概念进行了研析,首次将概念关系图谱化,说明了联合作战类概念与网络空间作战类概念之间的关系。可以看出,美军近40年来提出的作战概念都是基于当时的竞争背景、战略环境、威胁态势和能力发展需求产生的,且向"全域、融合、联通、互操作、智能化"进一步发展。本篇重点解析的"网络威慑、前沿防御、分层网络威慑"虽然称为作战概念,但更可以将其理解为一种国家战略概念,是国家在国防行动,特别是网络空间行动中的思想核心,体现了美军在大国竞争时代"主动、进攻、报复"的强权态度。理解美军的作战思想核心，可进一步为我国制定应对策略，发展核心能力提供引导。

本篇参考文献

[1] 齐嘉兴，杨继坤. 美军作战概念发展及其逻辑[J]. 战术导弹技术，2022（1）：98.

[2] 王彤，郝兴斌. 美国"联合全域作战"概念下指挥控制能力发展分析[J]. 战术导弹技术，2022（1）：107.

[3] 陈士涛，孙鹏，李大喜. 新型作战概念剖析[M]. 西安：西安电子科技大学出版社，2019.

[4] OSINGA F, SEIJS T. NL ARMS Netherlands Annual Review of Military Studies 2020: Deterrence in the 21st Century—Insights from Theory and Practice[M]. Netherlands: T.M.C. ASSER Press, 2021.

[5] SOESANTO S. Cyber Deterrence Revisited[M]. Alabama: Air University Press, 2022.

02

战略篇
美国网络空间战略体系研究

美军网络空间作战概念及战略法规体系研析

伴随网络信息技术的日新月异，网络空间全面渗透到国家政治、金融、能源、军事等各个领域，网络安全成为诸多安全利益的交汇点。世界各国纷纷认识到网络空间对国家安全的影响，加快建设网络空间军事力量，加速出台网络空间战略政策，国家网络空间战略政策已成为新的国际竞争与合作的重要影响因素。

美国历来将网络安全视为维护国家安全的重要环节之一，也是全球率先出台国家网络安全战略的国家，并将其作为重要组成部分纳入国家安全战略，以强化其在网络空间的领先优势，谋求网络空间主导权。2011年，奥巴马政府第一任期内，美国发布的《网络空间国际战略》成为一份具有里程碑意义的重大战略文件。2011年至今，美国已出台了百余份网络空间安全相关战略文件，建立了谱系较为完善、政策较为成熟的网络空间安全战略体系，奠定了美国网络安全发展和军事网络力量建设的基础。

从章节架构来看，本篇主要基于美国2011年以来（尤其是特朗普、拜登两届政府）发布的网络空间领域战略政策，系统梳理了七十余份战略政策，构建了"三层两维"的美国网络空间战略政策体系，"三层"是从战略文件的发布机构来看，即国家及美国联邦政府层面、美国国防部层面和美国国防部下属部门层面，"两维"是从战略政策的指导范畴来看，即顶层指导战略和子层推进战略。

从具体内容来看，本篇主要从五部分介绍了美国网络空间战略政策体系。第一部分主要介绍了美国"三层两维"的网络空间战略政策体系；第二部分主要介绍了美国国家层面的网络空间战略政策；第三部分主要介绍了美国国防部层面的网络空间战略政策；第四部分主要介绍了美国国防部下属部门层面的网络空间战略政策；第五部分主要分析了美国近年来网络空间战略政策的布局重点和走向趋势。

第 7 章
美国网络空间战略政策发布机构及体系

美国历来重视与国家利益攸关的重要领域的战略指导。2003年,美国时任总统小布什颁布了首份《国家网络安全战略》,正式将网络安全提升至国家安全的战略高度。在 20 年的发展历程中,美国自上而下出台了百余份网络空间相关战略政策,涉及的机构包括总统办公室、内阁部门及独立机构。从最初没有机构对网络空间领域进行管理,到多个机构的管理,再到跨部门机构间的协调管理,体现了美国在网络空间领域的不断尝试和努力,也是其形成较为完备的网络空间战略政策体系的关键所在。

7.1 美国网络空间战略政策发布机构

美国联邦政府较早启动了网络空间领域的机构设置和调整,从管理、技术、战略、政策、法律等多方面统筹美国网络空间安全问题。从近年出台的战略政策来看,美国联邦政府的总统办公室、内阁和部分独立机构都牵头制定和发布了网络空间相关战略政策,此外，美国的军事机构、情报机构、立法和司法机构都出台或参与制定了网络空间战略政策，组织架构图如图 7.1 所示。

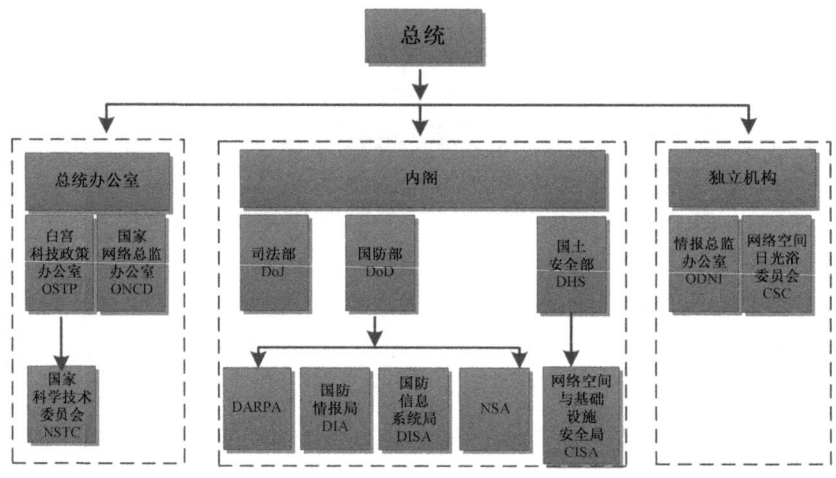

图 7.1 美国网络空间战略政策发布组织架构图

1. 总统办公室下属网络空间战略政策颁布机构

白宫科技政策办公室（OSTP）是 1976 年国会设立的，主要对美国政策中有关科学和技术的问题向总统提供准确而客观的建议，还负责领导联邦政府制定和实施健全的科学技术政策和预算。OSTP 的战略目标是确保联邦政府的科技投资对经济繁荣、公共卫生、环境质量和国家安全做出最大贡献；激励和鼓励政府科技项目运行资金充足、可评估、协调；评估科学进展，并在科学和技术方面就联邦政府主要政策、计划和规划为总统提供政策建议、分析和判断。近年来，OSTP 在网络空间领域发布了《联邦网络空间安全研究和发展战略计划》《关键与新兴技术国家战略》等文件。

国家网络总监办公室（ONCD）是 2021 年拜登政府上台后依据

第 7 章 美国网络空间战略政策发布机构及体系

2021年《国防授权法案》设立的，作为总统行政办公室的下设职位之一。国家网络总监是经参议院批准的总统顾问，担任着多项重要职务，包括担任总统在网络安全和相关新兴技术问题上的首席顾问；负责统领国家网络安全战略的制定和网络空间事务的发展；负责监督和协调联邦政府给出网络威胁应对方案；在各州和地方政府层面，作为美国政府与私营企业的"联络枢纽"。ONCD已发布了《国家网络总监办公室战略意图声明》《国家网络安全战略》。

2. 内阁各部中网络空间战略政策颁布机构

国土安全部（DHS）主要负责美国国土安全领域的网络空间安全事件的响应与协调，同时对其他各级政府请求、协调和援助网络空间安全事件进行响应，以及对私营部门的数据收集、分析和共享进行实时协助，帮助私营部门在处理网络空间安全事件时能够及时采取行动和进行资源配置。近年来美国国土安全部发布了《美国国土安全部信息技术战略规划》《工业控制系统安全：一体化倡议》等战略政策。

国防部（DoD）主要负责保护美国不受网络攻击；负责美国军事信息系统的网络安全；负责对网络安全事件提供支持，对军事网络犯罪进行调查；负责协调美国政府各部门商讨信息保障政策，设立国家级的信息保障政策、指令、指南、操作规程。近年发布了《国防部数字现代化战略》《国防部人工智能战略》等战略政策。

3. 独立机构中网络空间战略政策颁布机构

情报总监办公室（ODNI）是美国情报界的总协调机构，主要职责包括掌握国家情报计划的财政预算、制定情报体系的方针、优先级和指南，以及统筹国家情报的搜集、分析和流通工作，并为其他部门提供情报信息。近年,ODNI 发布了《国家情报战略》《国家反情报战略》等。

美国网络空间日光浴委员会(CSC)是根据《国防授权法案》,于 2019 年 5 月建立的,旨在评估美国在网络空间领域面临的威胁,并就如何防范网络威胁提供战略指导和政策建议。该委员会由 ODNI 首席副总监、DHS 副部长、DoD 副部长等 14 名官员组成,以联合美国政府和军队,形成一个具有共识的战略路径,防御重大网络攻击。近年发布了《美国网络空间日光浴委员会报告》《构建可信 ICT 供应链白皮书》等战略政策。

7.2 美国网络空间战略政策体系划分

2011 年被国际上称为"网络信息时代新的国际元年",这一年,美、英、法等国着眼未来发展,纷纷出台了新的网络空间战略计划。聚焦到美国,奥巴马颁布了国家网络战略,成为首次明确表达主权国家在国际网络空间中行动准则的战略文件。此后特朗普政府、拜登政府也高度重视国家网络空间安全,密集出台了多份网络空间战略政策。

综合来看,按照战略政策指导范畴,横向上可将美国网络空间战略政策体系分为三个层次:国家网络战略、国防部网络战略和国防部下属部门的网络战略;按照战略内容,纵向上将美国网络空间战略政策体系分为顶层指导战略和子层推进战略两个维度,基于此,绘制了美国网络空间"三层两维"战略政策谱系图,如图 7.2 所示。

第 7 章　美国网络空间战略政策发布机构及体系

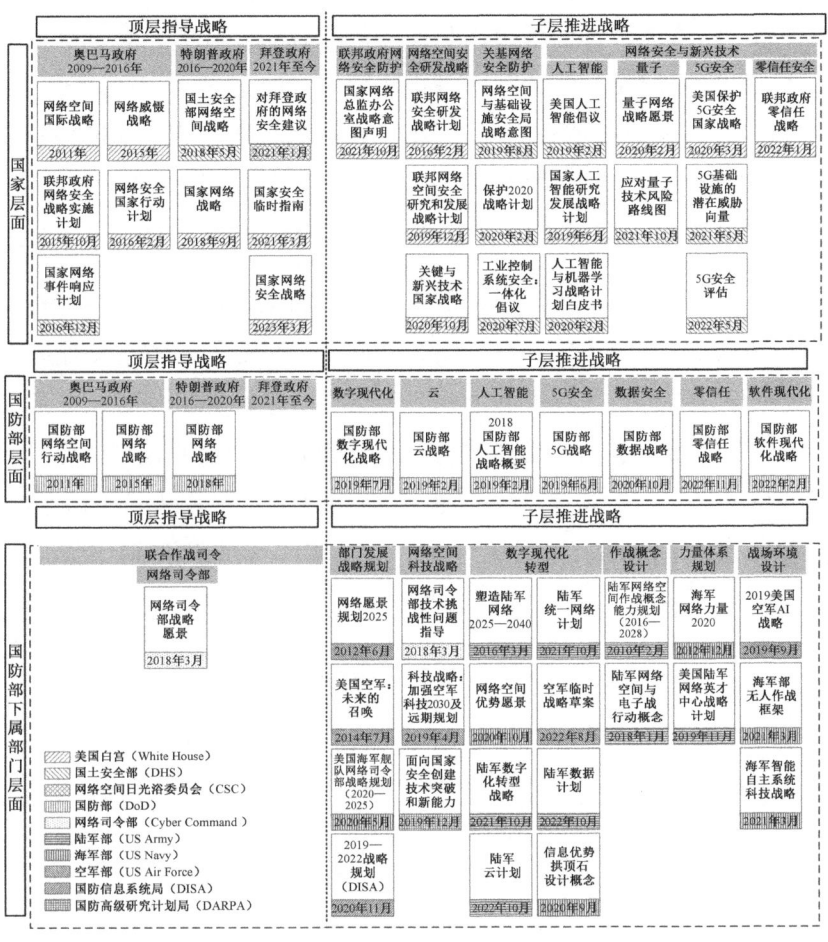

图 7.2　美国网络空间"三层两维"战略体系图

第一层为国家网络空间战略政策，主要着眼国家和联邦政府网络安全发展全局，从最高管理层面为网络安全能力的发展提供方向性、原则性指导，是联邦政府及所属机构开展网络安全能力建设的根本依据，是美国网络空间领域的顶层指导文件，具有该领域最高的战略引领作用，主要包括《国家网络战略》《国土安全部网络战略》等。

第二层为国防部网络空间战略文件，主要针对国防建设、军事行动中的网络安全问题，提供推进实施的策略、原则、计划等，既是对顶层国家网络战略的具体细化，也是国防部及其所属机构开展网络安全能力建设的通用指南，具有承上启下的作用，主要包括《国防部网络战略》《国防部数字现代化战略》等。

第三层为国防部下属部门网络空间战略文件，主要是各军种以国家网络战略和国防部网络战略为导向，为推进网络安全工作制定的实施指导文件，具有较强的指导性、实践性和可操作性，是各军种开展网络安全能力建设的实施细则或路线图，主要包括《美国网络司令部愿景：获取并维持网络空间优势》《海军舰队网络司令部/第10舰队战略规划（2020—2025）》《陆军网络行动计划》等。

第 8 章
美国国家及联邦政府网络空间战略政策

为确保网络空间安全,美国出台了一系列国家战略和政策,希望通过战略政策的实施,从技术、管理、标准、规范等角度,跨越联邦政府和州政府、立法和执法机构、学术界和产业界,建立体系化的国家网络空间安全应对之策。具体来看,国家网络空间战略是美国在该领域最顶层的国家级战略,联邦政府部门以此为指导战略,纷纷出台了部门级的网络空间战略政策,以统筹部门网络空间业务发展。

8.1 顶层指导战略

国家网络安全战略是美国在网络空间领域出台的最顶层战略文件,是美国网络安全政策制定的基础和指导。从奥巴马政府至今,美国已颁布了 15 份国家级网络战略,从影响力来看,其中 6 份战略文件起到了关键作用。

8.1.1 战略概览

1.《网络空间国际战略》

2011年，奥巴马政府第一任期内，美国白宫、国务院、国防部等部门联合发布《网络空间国际战略》，明确了美国在网络空间的基本政策，以接触和合作为基调，全面阐述了美国如何增进网络空间安全、开放和繁荣；同时也指出对网络空间的敌对行为，将与其他威胁一样，基于自卫权加以应对。该战略是美国首次把其国际政策与互联网政策结合在一起，体现了美国掌握世界网络空间主导权、拓展国家战略利益的企图，是一份具有里程碑意义的重大战略文件。

2.《网络威慑战略》

2015年，美国白宫向国会提交《网络威慑战略》，该战略初步规划了美国网络威慑的实施路线图，强调通过外交、军事、法律、经济等多元化手段实施网络威慑，以降低网络攻击者的攻击意愿。该战略主张采取多元化手段来制定"网络威慑"相关战略与战术，增大网络攻击者的攻击成本和攻击代价，降低攻击者主动发起网络攻击的意愿。

3. 国土安全部《网络空间安全战略》

2018年5月15日，美国国土安全部发布《网络空间安全战略》，希望各政府部门更积极地履行网络安全使命，以保护关键基础设施免遭网络攻击。该战略确定了国土安全部管理网络安全风险的五大主要方向及七个明确目标，包括保护美国联邦政府信息系统网络安全、保护关键基础设施网络安全等。该战略为国土安全部提供了一个框架，明确了该机构未来五年履行网络安全职责的方向，以减少

第8章 美国国家及联邦政府网络空间战略政策

漏洞、增强弹性、打击恶意攻击者、响应网络事件,使网络生态系统更安全和更具弹性,跟上不断变化的网络风险形势。

4. 特朗普政府《国家网络战略》

特朗普政府上台后迅速颁布《国家安全战略》(NSS),并以此作为纲领性文件牵引各领域战略文件的出台和实施。从发布背景来看,2016年美国大选期间,由于遭受网络攻击,导致选举过程跌宕起伏,即使在大选结果出炉后,关于网络攻击的调查和争论仍持续不断。2017年12月18日,特朗普总统发布《国家安全战略报告》,数十次提及网络安全,称美国将遏制、防范网络威胁,并在必要时打击使用网络手段攻击美国的黑客。2018年9月20日,特朗普总统签署生效美国《国家网络战略》(NCS),该文件是美国15年来首次对网络战略的全面阐述,概述了美国将如何确保美国公民继续从反映美国原则、保护美国安全和促进美国繁荣的网络空间中受益,提出了4大支柱、4项目标、10项措施及42项优先行动。

5. "分层网络威慑"战略

2020年3月,美国网络空间日光浴委员会提出了一个应对网络安全的新战略路径"分层网络威慑"(Layered Cyber Deterrence)。"分层网络威慑"主要包括三种战略手段(即三个威慑层):一是塑造行为,美国政府必须与盟友和合作伙伴合作推动网络空间的负责任行为;二是拒止获益,美国政府必须对那些长期利用网络空间实施较低成本的网络攻击以获取自身优势而扩大美国劣势的对手实施拒止获益;三是施加成本,美国必须保持相应的能力、职能和信誉来反制利用(或在)网络空间攻击美国的对手。该战略同时提出了支撑三项威慑层落地的六项政策支柱及75条政策建议支撑,主要通过调整对手攻击美国的成本收益预期，保护美国公共和私营部门网络安全。

6. 拜登政府《国家网络安全战略》

2023年3月2日，拜登政府上台两年之际，美国国家网络总监办公室（Office of the National Cyber Director，ONCD）发布拜登政府首份《国家网络安全战略》。这份新战略是拜登政府《美国国家安全战略》在网络领域的落实和细化，也是拜登政府在网络领域的执政纲领。该战略围绕建立"可防御、有韧性的数字生态系统"，阐述了拜登政府为更好地保障网络空间安全所采取的全面措施。战略目标是建立一个可防御的、有弹性的数字生态系统，在这个生态系统中，攻击系统的成本高于防御系统，敏感或私人信息是安全和受保护的，事件或错误都不会引发灾难性、系统性的后果。该战略具体涉及5大支柱共27项举措。

美国2011—2023年6份国家级网络战略主要内容及目标举措详见表8.1。

表8.1 美国2011—2023年6份国家级网络战略主要内容及目标举措

主要内容	目标/举措
2011年《网络空间国际战略》	
1. 建立网络空间政策。阐述美国在网络空间问题上需要保护的自由、隐私和信息的自由流动三个核心内容。 2. 明确网络空间的未来。阐明美国将在外交上强化盟友关系，在防务上强调防御和威慑，在发展上构建繁荣和安全的网络空间的角色和责任	● 在经济方面推动国际标准、创新及开放市场； ● 在网络保护方面加强网络安全性、可靠性和容忍度； ● 在执法方面拓展合作与加强立法； ● 在军事方面为迎接21世纪的安全挑战做好准备； ● 在互联网治理方面倡导高效率、全方位的治理体制； ● 在国际发展方面构建能力、安全和繁荣； ● 在互联网自由方面支持网络自由和隐私保护

续表

主要内容	目标/举措
2015 年《网络威慑战略》	
1. 提出了当前所面临的远程网络攻击、供应链攻击、抵近式接入攻击和内部威胁等网络威胁。 2. 明确了构建网络威慑态势是美军网络战略的关键目标。 3. 列举了实现对敌方有效威慑与遏制的具体措施	• 通过部署具有强大防御和恢复能力的系统，深化政府与私营部门间的合作关系等加强自身防御能力，提升威慑力； • 通过经济和法律制裁手段，加强网络犯罪方面国际合作，开展进攻性和防御性网络空间行动等措施增加攻击者成本来实现威慑； • 通过发展"整个国家"层面的响应能力、加强战略和政策、发展情报能力、深化国际合作、推动技术创新与研发等增强威慑力
2018 年国土安全部《网络空间安全战略》	
支柱 1：风险识别。 支柱 2：减少脆弱性。 支柱 3：减少威胁。 支柱 4：减轻后果。 支柱 5：实现网络安全	• 目标 1：评估不断变化的网络安全风险； • 目标 2：保障联邦信息系统的安全； • 目标 3：保护关键基础设施； • 目标 4：防止和破坏网络空间的犯罪活动； • 目标 5：有效应对网络事件； • 目标 6：加强网络生态系统安全性和可靠性； • 目标 7：完善 DHS 对网络安全活动的管理
2018 年《国家网络战略》	
支柱 1：保护美国公民、国土和美国生活方式。 支柱 2：促进美国繁荣。 支柱 3：以实力维护和平。 支柱 4：增强美国影响力	• 目标 1：管理网络安全风险，提高国家信息系统的安全和弹性； • 目标 2：维持美国在科技生态系统与网络空间发展的影响力，使其成为经济增长和创新的开放引擎； • 目标 3：识别、反击、破坏、降低和阻止网络空间中破坏稳定和违背国家利益的行为，同时保持美国在网络空间中的优势； • 目标 4：维护互联网的开放性、互操作性、安全性和可靠性

续表

主要内容	目标/举措
2020年"分层网络威慑"战略	
支柱1：改革美国政府网络空间结构和组织。 支柱2：加强规则和非军事手段。 支柱3：提升国家的抗攻击能力。 支柱4：重塑网络生态系统，提高安全性。 支柱5：与私营机构开展网络安全合作。 支柱6：保留和使用权力的军事手段	● 使美国政府的战略与分层网络威慑相一致，简化国会对网络安全问题的监督和权力，改革行政部门使其在网络空间更加灵活和有效，招募和保留更强大的联邦网络人才； ● 通过国际参与扩大努力，改进网络空间规则； ● 理解、评估和管理国家风险，确保国家应对重大网络事件和从重大网络事件中恢复的能力，确保选举安全和民主的弹性； ● 激励更安全的市场技术，激励更好的组织上的网络安全，减少对不可信的信息通信技术的依赖，加强国家系统数据安全； ● 改善政府对私营机构的支持，提高网络威胁综合态势感知能力，整合公私网络防御能力； ● 提高网络任务部队能力，确保关键的常规武器和核武器系统及能力的安全和弹性
2023年《国家网络安全战略》	
支柱1：保护关键基础设施。 支柱2：打击和摧毁威胁行为者。 支柱3：塑造市场力量以推动安全和韧性。 支柱4：加强对未来韧性的投资。 支柱5：发展网络空间国际伙伴关系，促进网络空间负责任的国家行为	● 重点包括强制实施最低网络安全要求，扩大公私合作，更新联邦事件响应计划和政策； ● 重点包括战略性使用所有国家力量工具，让私营部门参与到相关打击机制中，提高威胁情报共享速度，打击网络犯罪和勒索软件； ● 重点包括促进隐私和个人数据的安全，促进安全开发实践，通过联邦拨款促进安全且有韧性的新基础设施； ● 重点包括减少互联网基础和整个数字生态系统中的系统性技术漏洞，优先考虑下一代技术的网络安全研发，培养多元化和强大的国家网络劳动力； ● 重点包括共同应对对数字生态系统的威胁，提高合作伙伴抵御网络威胁的能力，打造安全可靠和值得信赖的全球供应链

8.1.2 特点分析

从美国近几届政府的战略内容来看，尤其是特朗普政府和拜登政府的网络战略，虽在网络空间治理方面各有侧重，但总体来看，新版战略是对上届政府战略方针的继承与发展，在关键基础设施网络安全防护、打击威胁行为体、强化公私及国际合作等方面具有延续性，拜登政府与特朗普政府的网络战略延续性分析详见表8.2。

表8.2 拜登政府与特朗普政府的网络战略延续性分析

战略对比	拜登政府 2023年《国家网络安全战略》	特朗普政府 2018年《国家网络战略》
网络威慑	国防部前沿防御理念有助于了解威胁行为体，国防部制定一项与国家安全战略相一致的新版国防部网络战略	作为更广泛的威慑战略的一部分，还将利用一系列工具（包括但不限于起诉和经济制裁）向恶意网络行为者及其赞助者施加成本，从而威慑恶意网络行为者
关键基础设施防护	保护构成关键基础设施的系统和资产对美国的国家安全、公共安全和经济繁荣至关重要。美国的目标是构建一个持久有效的协作防御模式，公平分摊风险和责任	联邦政府与私营部门共同承担保护国家关键基础设施并管理好网络风险的职责，将共同采用一种风险管理方法，降低网络脆弱性并提高整个关键基础设施的网络安全水平
打击威胁行为体	将动用一切国家力量来瓦解和摧毁那些威胁我们利益的威胁分子，可以结合外交、信息、军事、金融、情报和执法能力	通过加强美国与盟国和伙伴的协调能力，阻止及必要时惩罚那些使用网络工具进行恶意网络活动的威胁行为体
公私及国际合作	公共和私营部门合作伙伴加强合作，以改善情报共享，大规模开展破坏活动，阻止对手使用美国基础设施，并挫败全球勒索软件活动	与私营部门和社会力量合作，保持美国在互联技术的优势；将促建建立在国际法基础上的网络空间负责任国家行为框架，遵守和平时期适用的自愿性非约束性负责任国家行为规范

续表

战略对比	拜登政府 2023年《国家网络安全战略》	特朗普政府 2018年《国家网络战略》
技术创新与投资	通过战略投资和协调的协作行动，建立一个更安全、更有弹性、保护隐私和更公平的数字生态系统	美国政府将共同努力保护尖端技术，提高对创新网络安全工具和服务的认识，并减少建立全球网络安全市场的壁垒，从而在全球范围内促进美国的网络安全创新

一是秉承网络威慑的战略理念。从美国6份网络空间顶层战略来看，网络威慑一直是其夺控和塑造网络空间优势的重要思想。2011年《网络空间国际战略》指出"必要时，美国将像应对国家受到其他任何威胁那样应对网络空间的敌对行动"；2015年《网络威慑战略》规划了美国网络设施的实施路线，进一步细化了网络威慑的内容；2018年，"网络威慑"思想在特朗普总统执政后体现得更为充分，在其网络战略中指出"对网络空间不可接受的行为进行归因和威慑"，且其战略中的主动进攻意味越来越浓。2023年拜登政府《国家网络安全战略》（新版战略）中指出"国防部前沿防御理念有助于了解威胁行为体"，明确国防部制定一项与国家安全战略相一致的新版国防部网络战略，前沿防御具体内容应由国防部负责。拜登上台后，美国在全球积极采取"前出狩猎"等威慑行动，如俄乌冲突开始前，网络司令部就向乌克兰部署了一支"前出狩猎"团队，其实质仍是对威慑理念的延续。

二是聚焦关键基础设施网络安全防护。关键基础设施网络安全防护是两届政府关注的重中之重。特朗普政府《国家网络战略》明确了关键基础设施安全防护中各机构的角色和责任。拜登政府《国家网络安全战略》（新版战略）更是将"捍卫关键基础设施"列为五大支柱之首，提出制定支持国家安全和公共安全的网络安全要求、扩大公私合作、更新联邦事件响应计划及发展现代化的联邦防御能力等重点举措。两届政府均从安全规范、部门职责、投资与合作和事件响应等方面提出了关键基础设施的网络安全防护要求，新版战略举措更为强劲和灵活。

三是加强对威胁行为体的打击和摧毁。特朗普政府《国家网络战略》指出"将通过利用包括但不限于起诉和经济制裁在内的一系列工具，对恶意网络行为体及其赞助者施加成本"，新版战略提出"要在全球范围提升和扩展能够摧毁威胁来源的行动能力，动用经济、外交、军事和技术领域的各种手段，在全球范围对任何被判定为威胁美国国家利益的行为体实施破坏和瓦解"，该举措可看作特朗普政府时期对威胁行为体打击措施的升级。此外，特朗普政府《国家网络战略》在打击网络犯罪方面，仅指出与州、地方、部落和地区政府实体合作及执法部门的职责；新版战略将勒索软件威胁视为国家安全问题而不是犯罪活动来处理，并提出四项更详尽的要求，为联邦政府采取更激进的措施应对恶意网络活动奠定了基础。

四是深化网络安全公私合作及国际合作。特朗普政府《国家网络战略》中关于公私合作及国际合作的描述均分散在内容中，如公私合作管理关键基础设施网络安全风险、促进5G安全及发展、与工业界和国际伙伴合作保卫太空网络安全、加强信息共享和能力建设等。拜登新版战略直接将建立国际伙伴关系以实现共同目标作为第五个支柱，并在其余四个支柱中都深化了公私合作及国际合作方式和内容。尤其在扩大公私合作方面，新版战略指出由网络安全与基础设施安全局（CISA）与关键基础设施行业风险管理机构（SRMA）进行协调，使联邦政府能够扩大与美国关键基础设施所有者和运营商的协调，通过公私合作来打击敌手、改善情报共享等。

五是加强网络安全技术创新和投资。特朗普政府《国家网络战略》中指出美国政府将通过促进推动美国竞争力的机构和方案来促进创新,关于创新的内容包括知识产权保护等创新激励、网络安全人才激励等,关于投资的内容包括激励网络安全投资及投资下一代基础设施。拜登上台后,持续注重美国科技创新能力的体系化提升,先后通过了《无尽前沿法案》和《2021美国创新与竞争法案》,支持美国国家科学基金会在重点关键技术领域的研究和技术发展,总耗资高达 2500 亿美元。新版战略将"以投资打造富有弹性的未来"作为重点领域之一单独提出,要求在保护互联网技术基础的同时,重振联邦政府的网络安全研发,以优化和部署关键新兴网络安全技术,从而在创新上超越对手国家。

8.2 子层推进战略

以国家网络战略为顶层指导文件,美国总统办公厅、内阁及独立机构还陆续颁布了一系列的领域推进战略。由于各机构部门职能不同,其战略政策的侧重点也有所不同,总体来看,联邦政府的战略大致可以归纳为四个方面:一是网络空间安全研发战略;二是确保联邦政府网络安全防护;三是关键基础设施网络安全防护;四是网络安全与新兴技术融合发展。

8.2.1 网络空间安全研发战略方面

1.《联邦网络安全研发战略计划》

2016 年 2 月,作为美国网络安全国家行动计划的一部分,美国网络与信息技术研发计划(NITRD)发布了《联邦网络安全研发战

第 8 章 美国国家及联邦政府网络空间战略政策

略计划》(简称"2016 年版计划"),旨在从内在提升网络空间的安全性。该计划提出近期目标是利用有效的风险管理应对敌方的非对称优势;中期目标是通过可持续安全系统的开发与运作逆转敌方的非对称优势;长期目标是通过对恶意网络活动结果及可能来源的拒止,实现对恶意网络活动的威慑。为达成目标,该计划拟通过必要的科学、工程、数据与技术发展来支持威慑、防护、探测和适应四项防御要素,以改善网络安全。

2019 年 12 月,OSTP 下属国家科学技术委员会(NSCT)发布了新版《联邦网络空间安全研究和发展战略计划》(简称"2019 年版计划"),此次 2019 版计划是对 2016 版计划的更新和扩展,旨在协调和指导联邦政府对于网络安全领域的研发投入,提出了人工智能、量子信息科学、可信的分布式数字基础设施、隐私保护、安全软硬件以及人才培养六个优先领域的发展重点。《联邦网络安全研发战略计划》(2016 版与 2019 版)重点内容对比详见表 8.3。

表 8.3 《联邦网络安全研发战略计划》(2016 版与 2019 版)重点内容对比

《联邦网络安全研发战略计划》(2016 版)	《联邦网络安全研发战略计划》(2019 版)
①科学基础:支持创建理论、经验、计算与数据挖掘基础的研究。	①人工智能研发目标:探索基于人工智能的网络安全技术;研究人工智能系统的行为;研究针对机器学习系统的攻击与防御等。
②风险管理:网络安全决策基于对资产、漏洞和威胁的综合评估,有效的风险管理方案需评估恶意网络活动的可能性及可能后果,量化风险减轻的成本。	②量子信息科学研发目标:探索新的理论和实验方法;抗量子密码标准;了解量子技术如何用于针对经典系统或量子系统的攻击等。
③人为因素:将社会学家纳入网络安全研究能帮助解决人机交互挑战,更深入地理解网络安全的社会、行为与经济层面,以及如何改善协作型风险治理。	③可信的分布式数字基础设施研发目标:开发支持无缝端到端安全方法和标准;解决跨通信基础设施的安全性自主管理;开发端到端安全和密钥管理功能等。

续表

《联邦网络安全研发战略计划》 （2016 版）	《联邦网络安全研发战略计划》 （2019 版）
④技术转移：有效的技术转移转化项目必须成为研发战略不可分割的一部分，并依赖于可持续、重要的公私合作。 ⑤人才发展：扩充并维持充足数量的多样性、高技能的网络安全研究人员、产品开发人员、网络安全专家。 ⑥科研基础设施：鼓励高精度数据集的共享并保护敏感数据。科研基础设施投资要支持安全研究挑战部门的需求	④隐私方面研发目标：设计安全、隐私的框架；为分布式分析应用程序开发隐私控制机制；开发量化隐私风险的技术与模型等。 ⑤安全硬件和软件研发目标：面向硬件设备开发集成信任根替代方案；开发验证硬件安全属性的机制和工具等。 ⑥教育和人才培养的目标：加快采用网络安全领域的现代职业分类；研究培养网络安全人才的创新方法等

从延续性来看，2019 年版计划"继承"了 2016 年版计划的思想，一是需要通过科技进步来应对对手在网络空间的不对称威胁，包括积极的风险管理、通过可持续安全的系统来开发和运行及对恶意网络活动进行有效的威慑；二是有效的网络安全需要基于威慑、防护、探测和响应四个防御要素的成熟能力；三是研究基础设施、风险管理、科学基础等对网络空间安全科学技术研发的成功至关重要。

从不同点来看，2019 年版计划提出了关键更新和新的优先事项，一是除系统和数据的安全外，还必须把网络空间安全给使用计算和通信系统的用户带来的影响考虑在内；二是提倡开发新的框架和方法，使开发人员能够对系统实现全面和实时的维护和管理，以满足安全性、弹性和隐私需求；三是提出了 AI、量子信息科学、数字基础设施、隐私、安全软硬件等方面的重点研发目标。

2.《联邦网络空间安全研发战略规划与实施路线图》

2019 年 3 月 18 日，白宫 OSTP 下属的国家科学技术委员会（NSTC）发布了《2020 年联邦网络空间安全研发战略规划与实施路线图》。该路线图以机构分类，列出了 11 个机构于 2019 年与 2020 年已经或即将开展的网络空间安全项目。

- 空军主要项目有弹性嵌入系统、网络空间自动生存、系统漏洞评估等；
- 陆军主要项目有网络空间欺骗、无线网络异常行为分析；
- 美国国防部高级研究计划局（DARPA）主要项目有社会工程主动防御、网络空间攻击恢复、追踪溯源、大规模 DDoS 防御等；
- 国土安全部主要项目有关键基础设施安全防护、下一代网络空间安全架构等；
- 国家标准与技术研究所主要项目有安全测试与度量、身份管理、信息安全风险管理、安全人工智能等。

8.2.2 确保联邦政府网络安全防护方面

1. 拜登《政府关于提升国家网络安全的行政令》

2021 年 5 月 12 日，拜登总统签署了《政府关于提升国家网络安全的行政令》，以改善国家的网络安全并保护联邦政府的网络。该行政令的出台，在很大程度上源于拜登政府执政初期，SolarWinds 供应链攻击事件、微软 exchange 漏洞、科洛尼尔油管事件接踵而至，网络安全议题在美国引发了新一轮的高关注度,加快了拜登政府网络安全政策的落地。该行政令共 11 条,重点内容有 8 条,对联邦关键信息系统保护、威胁信息共享、加强软件供应链安全等问题进行了整体部署,提出了改进联邦政府事件响应和应对机制、完善网络安全事件日志、加强云安全管理、强化"零信任架构"等具体举措,成为拜登政府网络安全政策的"总纲",行政令 1 至 8 条主要内容详见表 8.4。

表 8.4 拜登《政府关于提升国家网络安全的行政令》1 至 8 条主要内容

条 目	主 要 内 容
第 1 条	政策原则(拜登政府的网络安全政策:预防、检测、评估和修复网络安全事件是国家和经济安全的重中之重,联邦政府必须以身作则)
第 2 条	移除威胁信息共享的障碍
第 3 条	联邦政府网络安全的现代化(优先考虑云技术;制定实施零信任架构)
第 4 条	加强软件供应链安全
第 5 条	成立网络安全审查委员会
第 6 条	规范联邦政府的网络安全漏洞和事件的应对方案
第 7 条	加强对联邦政府网络上网络安全漏洞和事件的检测(端点检测和响应 EDR 计划)
第 8 条	提高联邦政府的调查和补救能力

2.《国家网络总监办公室战略意图声明》

2021 年 10 月 27 日,国家网络总监办公室(ONCD)发布了《国家网络总监办公室战略意图声明》,提出对内提升网络威胁的抵御能力,在网络安全问题上发挥国际领导作用,并确保政府拥有必要的网络安全能力,ONCD 计划通过七个领域来实现这一目标。在国家网络安全方面,ONCD 将推动旨在保护地方政府和私营部门网络的任务和方案的协调;在联邦网络安全方面,ONCD 将确保在与其合作的部门和机构中反映对关键私营部门参与者所期望的世界领先的网络安全。

8.2.3 关键基础设施网络安全防护方面

2019年8月22日,国土安全部网络安全与基础设施安全局(CISA)发布《网络空间与基础设施安全局战略意图》。作为新成立的机构,CISA的使命是担任美国的风险顾问,成为保护关键基础设施安全的领导力量。该战略意图将加强关键基础设施安全应对长期风险列为其两大目标之一,明确了五项优先行动领域:中国、供应链与5G通信,美国选举安全,软目标安全,联邦政府网络空间安全和工业控制系统安全。2022年9月13日,CISA发布《2023—2025年战略规划》。该规划是CISA自2018年成立以来发布的首个综合性战略规划,指明了CISA未来三年的工作方向。其中,在"加强网络防御"的目标中,CISA指出要"增强联邦系统抵御网络攻击和网络事件的能力;提高CISA主动发现关键基础设施/网络所受网络威胁的能力;进一步披露和缓解重大网络漏洞;建立能从根本上改善网络安全的网络空间生态体系"。具体来看,近年CISA主要围绕下述目标开展了网络安全工作。

1. 选举基础设施网络安全防护

2020年2月14日,CISA发布针对美国大选的《保护2020战略计划》,明确了实现选举安全的方向和目标。CISA通过选举基础设施、竞选和政治基础设施、美国选民、警告和响应四方面进行协调,其中一是选举基础设施方面,包括确保选举基础设施管理者掌握必要技能、提供评估及服务、促进信息共享三方面举措。

2022年9月13日，CISA 发布《2023—2025年战略规划》，提出"加强选举基础设施风险管理"的子目标，把现有资源用于选举基础设施的风险管理，开发减轻选举风险的新产品，根据网络威胁的变化不断改进服务、产品和指导，并将其他行业的经验教训用到选举基础设施上。

2. 工业控制系统网络安全防护

2020年7月7日，CISA 发布《工业控制系统安全：一体化倡议》，旨在加强和统一工业控制系统（ICS）的网络安全。该倡议重视发展和实施综合安全战略以提升联合安全能力，围绕统一的"One CISA"战略来统筹任务的优先级。作为 ICS 领域的五年计划，该倡议与美国国家网络战略、DHS 信息技术战略规划，以及 CISA 2019 年战略意图等文件中列出的重点任务直接相关，同时落实了顶层策略中在 ICS 领域的特定部署和要求。

2021年7月28日，白宫发布《关于改善关键基础设施控制系统网络安全备忘录》，提出建立"工业控制系统网络安全倡议"，制定"关键基础设施网络安全目标基线"等要求，以显著提升关键系统的网络安全。这一指令是拜登政府的最新举措，旨在让关键行业参与改善可能影响国家安全和经济的网络安全领域。

3. 太空基础设施网络安全防护

2020年9月4日，为保护太空相关基础设施免受网络威胁，白宫发布《太空政策指令5号》。该文件是美国首份全面的太空系统网络安全政策，明确了保护太空系统免受网络威胁和网络攻击的建议。从该文件可见美国多措并举，缜密部署太空发展战略，既考虑太空系统本身的开发设计,还兼顾其供应链各环节的网络安全管理。此外,该文件也明确了国土安全部和基础设施安全局在加强太空网络防御方面的主导作用。

8.2.4 网络安全与新兴技术融合发展方面

1. 人工智能领域

2019年2月11日,特朗普总统签署13859号行政令《维持美国在人工智能领域的领导地位》,白宫科技政策办公室(OSTP)随即发布《美国人工智能倡议》简报,描述了发展人工智能的五个重点领域。该倡议将集中联邦政府的资源来开发人工智能,以促进美国繁荣、增强美国的国家安全和经济安全。

2019年6月21日,白宫OSTP更新了《国家人工智能研究发展战略计划》(2019更新版),这是对2016版战略计划的实施情况和研究成果的一次评估和调整,也是2019年2月《美国人工智能倡议》的具体落脚点。该计划包含八项战略,前七个战略延续2016版,新增了第八项战略,即扩大公私合作伙伴关系,加速人工智能发展。

2021年8月1日,DHS科学与技术部(S&T)发布《人工智能与机器学习战略计划白皮书》,指出DHS如何有效应对人工智能和机器学习(AI/ML)技术给联邦政府部门、国家安全企业及其服务带来的机遇和挑战。该白皮书提出三个长远目标:一是推动下一代AI/ML技术,提升多领域的国家安全能力;二是推动在国土安全相关工作中使用经过验证的AI/ML学习能力;三是建立跨学科AI/ML培训的工作团队。

2022年10月4日,白宫OSTP发布《人工智能权利法案蓝图:让自主系统为美国民众服务》,该蓝图概述了五项核心原则和保护措施,包括安全有效的系统,保护民众免受不安全或无效系统的影响;算法歧视保护,即系统应以公平的方式使用和设计从而避免民众面临算法歧视;数据隐私,即民众应通过内置的保护措施免受滥用数据做法的影响,并且应该有权决定如何使用自身数据;通知和解释,即民众应该知道正在使用自动化系统,并了解它如何及为何会促成影响民众的结果;备选方案,即民众应该能够在适当情况下选择退出,并且可以联系能够快速考虑和解决所遇到的问题的人员。

2. 量子技术领域

2020年2月7日,白宫国家量子协调办公室(NQCO)发布美国《量子网络战略愿景》,提出了发展量子网络基础的两个目标:一是未来5年,美国将展示实现量子网络的基础科学和关键技术,探索量子互连、量子中继器、量子存储器等;二是未来20年,利用网络量子设备来实现传统技术无法实现的新能力,推进人们对量子纠缠作用的理解。该战略建立了量子网络信息科学的共同目标,并提出未来20年的六个重点技术研究领域。

2021年10月10日,国土安全部发布了《应对量子技术风险路线图》,规划了2021—2030年量子技术发展的四个阶段,旨在以帮助企业保护其数据和系统,降低量子技术发展带来的风险,并为NIST发布新的后量子密码标准做好准备。可见,伴随加密技术向后量子加密算法过渡,国土安全部已启动对基于后量子加密分析技术可能伴生的风险的评估,促使量子技术发展进入良性循环。

3. 5G 安全领域

2020年3月23日,美国总统特朗普签署《美国保护5G安全国家战略》,阐述了未来5G愿景,即"美国要与最紧密的合作伙伴和盟友共同领导全球各地安全可靠的5G通信基础设施的开发、部署和管理",体现出美国对5G网络部署的高度重视,表明了美国谋求与盟友合作引领5G技术发展和部署的主导权,同时也明确了美国政府如何在国内外保护5G基础设施的安全等问题。

2021年5月10日,美国国土安全部(DHS)与国家安全局(NSA)、国家情报总监办公室(ODNI)联合发布《5G基础设施的潜在威胁向量》,识别和评估5G应用带来的风险和漏洞,并向美国5G利益相关方通报了相关问题,以制定全面的解决方案。该报告分析了5G三个主要威胁向量领域:政策标准、供应链和5G系统架构,三个主要威胁向量共11个子威胁被定为攻击者可利用的额外漏洞点。

2022年5月1日,CISA发布《5G安全评估》指南,指出"政府应采用灵活、自适应且可复用的方法对任何5G网络部署的安全性和弹性做出评估",该指南要求评估可能需要在现行联邦网络安全政策、法规和最佳实践之外更进一步,以解决已知攻击向量、尚未发现的威胁和特定实施中存在的漏洞。同时,该指南提出了5G系统安全考虑及5G系统网络评估的相关组织和方法,为联邦政府评估5G系统的安全水平提供了一套详细的参考流程。

4. 零信任安全领域

2022年1月26日,美国管理和预算办公室(OMB)发布《联邦政府零信任战略》,这是继2021年9月7日发布《联邦政府零信任战略》草案之后的重要进展,旨在将政府机构的企业安全架构迁移到零信任架构。该战略提出了五个支柱：一是身份，机构工作人员使用企业范围身份来访问他们在工作中使用的应用程序；二是设备，联邦政府拥有其运营和授权供政府使用的每台设备的完整清单，并且可以检测和响应这些设备上的事件；三是网络，机构在其环境中加密所有DNS请求和HTTP流量，并开始围绕其应用程序对网络进行分段；四是应用程序，机构将所有应用程序视为连接到互联网的应用程序，定期对应用程序进行严格测试；五是数据，机构在部署利用彻底数据分类的保护方面有一条清晰共享的路径，机构利用云安全服务来监控对其敏感数据的访问，并实施企业范围的日志记录和信息共享。

第 9 章
美国国防部网络空间战略政策

随着对网络空间认知的不断深化，在对网络空间和网络空间作战等概念界定的基础上，美国国防部相继出台了一系列相关战略政策，其中最顶层的是国防部网络战略，并在该战略的指导下，陆续颁布了系列子层战略文件，统筹指导国防部网络空间作战能力的建设。

9.1 顶层指导战略

美国《国家安全战略》是统领国防战略和军种战略的最顶层文件，国防部基于《国家安全战略》的优先事项和能力要求出台了《国防战略》，映射到网络空间则是更具实施性和细粒度的《国防部网络战略》。具体来看，2011 年至今，美国国防部已颁布 4 份网络战略。

9.1.1 战略概览

1.《国防部网络空间行动战略》

2011 年，国防部发布《国防部网络空间行动战略》，是在美国政府 2011 年 5 月发布《网络空间国际战略》报告后，国防部对国家网络空间战略的回应和解读。该战略将网络空间与陆地、海上、空中、太空相提并论为作战"行动领域"，在战略观念上变被动防御为主动防御并重点转向战略威慑，标志着美军网络空间行动指导首次单独以国防战略的形式呈现。作为网络空间司令部成立以来的第一份网络安全战略文件，该战略分析了国防部在网络空间行动中的优劣势，并确立了国防部网络空间安全的战略目标，明确了今后一段时期美军网络空间行动的发展方向，清晰地规划了战略路线图，凸显了美国企图通过制定战略规划来主导世界网络领域发展的战略构想，是国防部提出的指导性战略文件。

2.《国防部网络战略》（2015 版）

2015 年，《国防部网络战略》出台，该战略是 2011 年《国防部网络空间行动战略》的升级版，瞄准的是 2015—2020 年 5 年间国防部要实施的网络活动和要达到的战略目标。该战略分析了网络空间的安全形势，介绍了国防部在网络空间的三个基本任务，提出了五大战略目标；同时，从关键网络威胁、恶意软件扩散、国防部网络和基础设施面临的风险、未来安全环境中的威慑四个方面进行了分析。该战略首次提出组建 133 支网络任务部队，并明确了国防部必须保护其网络、系统和信息，保护美国及其利益免受网络攻击，提供综合网络能力来支持军事行动和应急计划的三大任务。

3.《国防部网络战略》（2018 版）

2018 年，基于 2017 年年底出台的《国家安全战略》和 2018 年年初出台的《国防战略》，新版《国防部网络战略》对外公开了其摘要，阐明了国防部如何通过或者在网络空间落实《国防战略》的优先事项。该战略指出美国在网络空间也面临来自中国、俄罗斯等国的战略竞争，需通过提高网络空间作战能力、击败或威慑针对美国关键基础设施的恶意网络活动，加强跨部门及跨国合作等加以应对。同时，该战略指出为应对网络空间战略竞争，美国防部必须曝光、破坏、降级威胁美国利益的网络活动，加强重要潜在受攻击对象的网络安全及弹性，并与美国政府其他部门和机构、美国盟友及伙伴紧密协作。未来，国防部将通过建立一支更具杀伤力的部队、在网络空间中竞争和威慑、加强联盟、进行改革、培养人才五大途径，落实上层战略的优先事项。

4.《国防部网络战略》（2023 版）

2023 年，在拜登政府新版《国家网络安全战略》出台半年之际，美国国防部于 9 月 12 日正式发布《国防部网络战略》摘要版，阐述了国防部为应对当前和未来的网络威胁将采取的四项优先事项。对外来看，该战略对外要求与盟友和合作伙伴协同保护网络领域，具体措施包括：建立网络能力并发展盟友和伙伴的能力，拓展网络合作渠道，继续开展"前出狩猎"行动和其他双边技术合作，强化网络空间负责任的国家行为。对内来看，该战要求在网络空间建立持久优势，具体措施包括：加强对网络人才的招募、培训和职业发展管理，优先考虑网络作战的情报支持，开发和实施新的网络能力，包括零信任架构及其相关的网络安全技术、先进的端点监控功能、定制化的数据收集策略，培育网络安全和网络意识文化。

美国国防部四大网络战略的主要目标举措详见表 9.1。

表9.1　美国国防部四大网络战略的主要目标举措

战略名称	目标举措
《国防部网络空间行动战略》 2011年7月	网络空间作为作战域来加以组织、训练和装备； 采用新的防御作战概念保护DoD网络和系统； 与政府私营部门合作实施一体化网络安全战略； 建立稳固的合作关系，以加强整体网络安全； 利用创新活力建设网络人才队伍和加快技术创新
《国防部网络战略》 2015年4月	建立保持网络空间作战的常备力量和能力； 保护国防部信息网络和数据安全； 保护美国本土和重要利益免遭破坏性网络攻击； 建立和维护可行的网络手段来控制冲突升级； 建立和维护国际伙伴关系遏制共同威胁
《国防部网络战略》 2018年9月	确保联合部队在网络空间对抗环境中完成任务； 开展增强军事优势的网络行动以加强联合部队； 保护关键基础设施不受恶意网络活动攻击； 保护国防部信息和系统不受恶意网络活动影响； 扩大国防部与机构、部门及国际伙伴的合作
《国防部网络战略》 2023年9月	优先事项一：保卫国家； 优先事项二：准备战斗并赢得国家战争； 优先事项三：与盟友和合作伙伴协同保护网络领域；； 优先事项四：在网络空间建立持久优势

9.1.2　特点分析

纵观美国国防部的四份网络战略，其不同时期的战略目标既表明了美军网络空间战略的发展服务于国家网络安全战略的变化，又反映了美军网络空间作战准备的任务和要求。通过对比分析，简要归纳为以下几个特点。

一是从作战定位来看，国防部从2011年将网络空间视为作战域到 2015 年建立保持网络空间作战常备力量,再到 2018 年建立更具杀伤力的联合部队,确保联合部队在网络空间对抗环境中完成任务,2023 年进一步聚焦推进联合部队目标,通过网络空间开展活动,以强化威慑目标,同时实现信息和军事优势。可见,美军塑造、主导和控制网络空间的战略意图逐步凸显。

二是从防御目标来看,四份文件均把确保国防部信息网络、系统和数据的安全始终作为国防部重要的战略目标之一,2011 版着眼于国防部网络和系统的保护,2015 版将数据安全列为新的保护重点,2018 版更是将范围明确拓展至非国防部所有网络上的国防部信息,也提出了保护关键基础设施不受恶意网络活动攻击的战略目标。网络空间防御任务的定义更为清晰,战略目标实现更为具体,对网络作战行动的指导性更强。2023 版重点聚焦解决国防信息网络中的漏洞,并提出将实施零信任架构,在武器系统、数据链路和网络防护中实现加密算法的现代化。

三是从力量建设来看,伴随网络空间作战的目标和重点更为突出,美国国防部不断强调未来网络力量建设的重点是网络任务部队,核心目标是指导网络任务部队建设和国防部网络人才的培养。同时在力量合作方面,其对内注重整合政府、产学界等国家全部力量,对外注重强化网络空间国家军事同盟关系,打造网络空间整体防御能力。

9.2　子层推进战略

为加快美国国防部 IT 现代化的建设,面向未来网络空间作战提供敏捷、弹性、安全的基础设施和服务,美国国防部出台了《国防部数字现代化战略:2019—2023 年信息资源管理(IRM)战略计划》

及其细分战略,以全面提升国防部信息优势,简化与任务伙伴的信息共享模式,以更高的效率和性能交付 IT 能力。

9.2.1 数字现代化战略

1. 战略概览

2019 年 7 月 12 日,美国国防部发布了《国防部数字现代化战略:2019—2023 年信息资源管理(IRM)战略计划》,提出与信息技术相关的现代化目标及阶段目标。该战略制定的顶层依据是美国《国家安全战略》和《国防战略》,同时该战略又是国防部 IT 现代化领域一系列其他战略的指导性文件,包括《国防部人工智能战略》《国防部云战略》《国防部 5G 战略》《国防部数据战略》等,如图 9.1 所示。

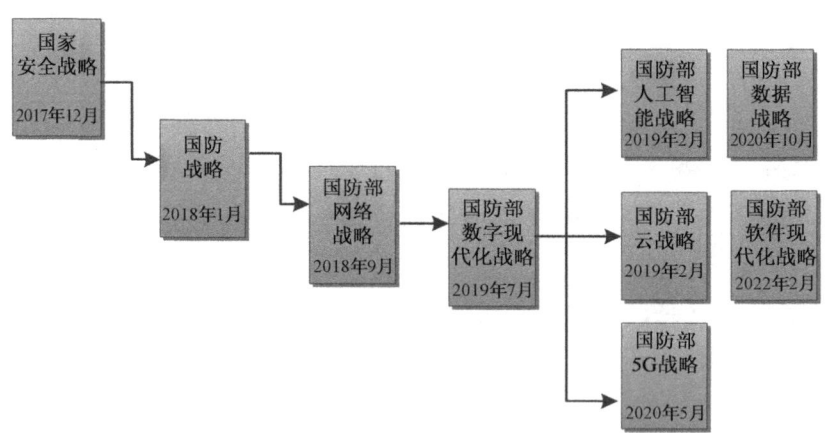

图 9.1 国防部数字现代化相关战略体系图

《国防部数字现代化战略》主要由国防部首席信息官牵头制定,总体目标是"在新兴数字化作战环境中保持、扩大军事优势",并列出了向更加安全、有效、高效的国防部数字化环境转型所需实现的

第 9 章 美国国防部网络空间战略政策

4 大总体目标和 27 个细分目标,旨在确保国防部以更高效、更有效的方式执行任务。该战略的总体目标及细分目标详见表 9.2。

表 9.2 《国防部数字现代化战略》总体目标及细分目标一览表

总体目标	细分目标
目标一:创新以获取竞争优势 (包括 13 个细分目标)	1.1 建立联合人工智能中心(JAIC),加速支持 AI 能力的使用与整合,以实现大规模的任务影响
	1.2 打造国防部企业云环境,以利用商业创新
	1.3 现代化指挥、控制、通信和计算机(C4)基础设施和系统
	1.4 将数据视为战略资产
	1.5 加强合作、国际伙伴关系和盟军跨平台操作
	1.6 确保国家领导指挥能力(NLCC)的连通性
	1.7 增强定位、导航和定时的交付和维护(PNT)
	1.8 现代化国防信息系统网络(DISN)传输基础设施
	1.9 现代化和优化国防部分部门网络和服务
	1.10 提供端到端机载情报,监视和侦察(AISR)数据传输(DT)
	1.11 改善与移动用户的信息共享
	1.12 实施敏捷电磁频谱作战(EMSO)
	1.13 推动国防部 IT 系统设定标准
目标二:优化以提升效率和能力 (包括 7 个细分目标)	2.1 从以分部门为中心转向整个国防部范围的作战和防御模式
	2.2 优化国防部数据中心
	2.3 优化国防部办公室生产力和协作能力(ECAPS 功能集 1)
	2.4 优化国防部语音和视频功能(ECAPS 功能 2 和 3)
	2.5 改进 IT 类别管理
	2.6 改进快速技术部署流程
	2.7 加强 IT 财务管理决策和问责
目标三:改进网络安全,打造一种灵活、弹性的防御态势 (包括 4 个细分目标)	3.1 改变国防部的网络安全架构,增加敏捷和弹性
	3.2 部署端到端的身份、凭证与访问管理(ICAM)基础设施
	3.3 保护非密网络和信息系统上有关国防部的敏感信息、关键项目和国防工业基础(DIB)技术
	3.4 改革网络安全风险管理政策与实践

续表

总体目标	细分目标
目标四：培养数字化人才（包括3个细分目标）	4.1 加强网络功能社区管理
	4.2 强化 IT 采办队伍
	4.3 加强网络人才的招聘、留用、教育、培训和职业发展

2. 特点分析

一是从国防部战略体系来看，该战略是国防部数字现代化能力发展的一份承上启下的重要战略。对上，该战略与国防部战略指导具有高度的一致性，提出了关于信息资源管理的战略目标和阶段目标，表明国防部首席信息官支持国防部部长的目标、优先事务和阶段目标，体现了《国家安全战略》《国防战略》及《国防授权法案》中的立法指导和方向。对下，从技术创新、能力优化、网络安全和人才培养四个方面进一步分解和细化了顶层指南，如该战略明确提出将数据视为战略资产的目标，并积极推动支持跨平台操作的数据标准开发，这是对 2017 年《国家安全战略》文件中把重点从保护网络扩大到保护网络上的数据的细化举措，是从更具细粒度的举措行动方面来支撑国家和国防部指南的目标和优先事项。

二是从 IT 现代化来看，该战略旨在通过现代化转型实现信息环境的统一。美国国防部首席信息官对于未来 IT 体系的发展构想为"打造一个更加安全、协同、无缝、透明、成本高效的 IT 体系，该体系可以将数据转化为可用于行动的信息，且可确保面对持续网络威胁的情况下可靠执行任务"。这一构想主要通过 JIE 建设来实现，涉及数据统一、网络统一和系统统一。通过建设核心数据中心集，将数据作为共用资源提供给美军各军种和各级机构；通过简化网络构成，以一个独立网络取代现有的大量单独设计和管理的网络；通过软件定义网络等技术,实现设备层面、网络层面系统的架构统一,从而实现信息环境的统一。

三是从网络安全来看,改善网络安全成为美国国防部首席信息官的四大优先事项之一。该战略在网络安全部分提出了四个细分目标,在网络安全架构方面,通过《国防部网络安全参考架构》来指导和约束网络边界、移动和固定的终端,同时保护数据安全;在端到端的身份、凭证与访问管理(ICAM)方面,ICAM生成一个安全且可信的环境,用户在其中可访问所有被授权的资源(包括应用与数据)以顺利完成任务;在保护非密网络和信息系统上有关国防部敏感信息方面,要求国防工业基地(DIB)共享网络威胁信息,对防务合同商的非密网强制使用网络安全标准,对防务合同商内部的非密信息系统和网络上发生的网络安全事件要予以报告;在风险管理政策方面,改革其网络安全风险管理政策与实践、关注全球供应链风险、改革其风险管理架构,确保风险管理政策高效、适用。

9.2.2 数字现代化战略的细分战略

1. 云战略

2019年2月,美国国防部发布《国防部云战略》,制定了未来发展的7个战略目标和4项指导原则,明确了两条战略实施路径,旨在推动全局级云环境的实现(一个由通用云和适用云组成的生态系统)。该战略有助于国防部采办商业云服务,建立企业云环境,确保全球战略优势。该战略的战略目标及重点举措详见表9.3。

表 9.3 《国防部云战略》战略目标及重点举措

战略目标		重点举措
目标 1	构建一个可扩展和安全的云环境,确保全球战术优势及快速访问计算和存储能力	1.构建新的云平台,用于保障云部署的应用程序、数据或基础设施; 2.将现有应用程序迁移至云平台,或在云平台上构建新应用程序
目标 2	通过采用具有动态弹性的商业云架构,允许云基础设施自动配置和卸载资源,从而达到最佳的资产利用率	
目标 3	创建标准的云网络架构,满足商业云和内部云需求;制定统一的网络安全架构,确保安全属性足以应对不断发展的威胁	
目标 4	利用人工智能和机器学习技术等现代数据分析技术做出关键决策,提高作战效率	
目标 5	通过云环境,为前线作战人员提供最新数据和应用程序,全面支持军事行动	
目标 6	利用云计算的分布式、可伸缩和冗余性,保证操作的连续性和有效的故障转移,确保任务的全面执行	
目标 7	进一步整合数据中心资产,推动信息技术改革	

2. 人工智能战略

特朗普总统签署行政令《维护美国人工智能领导地位的行政命令》1 天后,2019 年 2 月 12 日,美国国防部发布了《2018 国防部人工智能战略概要》,重点强调了发展人工智能的重要意义,分析了美国国防部在人工智能领域面临的战略形势,阐明了美国国防部人工智能方面的战略举措及重点领域。该战略认为当前是发展人工智能的关键时刻,必须采取行动,采用安全、符合伦理道德的革命性人工智能解决方案保护国家安全,提高竞争力,抓住主动权,引领世界发展。该战略的战略目标及重点举措详见表 9.4。

第 9 章　美国国防部网络空间战略政策

表 9.4 《2018 国防部人工智能战略概要》战略目标及重点举措

战略目标		重点举措
目标 1	支持和保护美国军人和世界公民；把人工智能融入决策和行动中，以减少战场部队的风险，并保持军事优势	1. 交付应对关键任务的人工智能能力，包括改进态势感知和决策；增强作战装备的安全性；实施预测性维修和补给。 2. 与领先的私营领域技术企业、学术界、全球盟友和伙伴合作，包括培育新的 AI 创新区；加强与工业界的伙伴关系。 3. 培养人工智能人才队伍，包括提供开发前沿 AI 应用从而发挥重要影响的机会；提供 AI 培训；将关键技术引入军队。 4. 引领军事伦理和人工智能安全，包括制定人工智能国防应用原则；促进人工智能研究的透明性等
目标 2	保护国家和公民安全，保护关键基础设施，增强预测、识别和应对网络和物理威胁的能力	
目标 3	创建一个精简高效的组织，简化工作流程，提高重复任务的速度和准确性	
目标 4	成为将人工智能扩展到跨国企业的先锋，建立关键的人工智能构建模块和标准	

3. 5G 战略

2020 年 5 月，美国国防部发布了《国防部 5G 战略》，阐述了 5G 面临的挑战、美国国防部 5G 目标及 5G 工作路线。这是美军方第一份公开发布的 5G 战略性指导文件，旨在支持国家层面努力推进美国及其合作伙伴的 5G 能力，提高对 5G 带来的国家安全风险的认识，并提出保护 5G 技术和基础设施从而取得关键成果的方法。该战略有助于确保美国军方、公众及盟友和合作伙伴获得最好的 5G 系统、服务和应用。该战略的战略目标及重点举措详见表 9.5。

表9.5 《国防部5G战略》战略目标及重点举措

战略目标		重点举措
目标1	提升美国和合作伙伴的5G能力，包括开发和采用新的作战概念，利用5G能力提供的泛在连通能力	1. 促进技术发展，包括举办5G演示、毫米波技术、动态频谱共享、开放架构和虚拟化、人才发展；
目标2	提高5G对国家安全的风险意识，包括打击战略竞争对手的强制策略，同时向合作伙伴提供清晰、准确的信息，帮助他们评估5G风险和机遇	2. 评估、减少5G漏洞，并克服漏洞运行5G，包括威胁情报共享、最小化5G基础设施风险、进行安全评估、开发验证5G零信任模型； 3. 影响5G标准和政策，包括制定信息和通信技术标准方面发挥主导作用、开发5G赋能的作战概念、技术控制措施；
目标3	开发保护5G基础设施与技术的方法，包括采用5G设计合规标准，5G基础设施网络安全，实施"零信任"安全模型	4. 吸引合作伙伴，包括与跨机构、国际和行业合作伙伴积极合作，以形成5G成果

4. 数据战略

2020年10月，美国国防部发布了首份《国防部数据战略》，该战略是继2019年《国防部云战略》《国防部人工智能战略》和《国防部数字现代化战略》之后又一IT现代化领域指导性战略文件。在美军正加速从"网络中心战"向"数据中心战"转型的关键时期，战略提出愿景，即国防部是一个以数据为中心的机构，通过快速化、规模化使用数据来获取作战优势和提高效率。该战略利用8项指导原则来影响战略的目标和基本能力，8项指导原则是国防部数据工作的基础，具体包括数据是一种战略资产、集体数据管理、数据伦理、数据收集、企业范围的数据访问和可用性、用于人工智能训练的数据、符合目的的数据、符合性设计。该战略的战略目标及重点举措详见表9.6。

第9章 美国国防部网络空间战略政策

表9.6 《国防部数据战略》战略目标及重点举措

战略目标		重点举措
目标1	使数据可见：用户可以查找所需数据	1. 架构：由企业云和其他技术支持的国防部架构必须允许数据的转换速度高于对手能够适应的速度；
目标2	使数据可访问：用户可以检索数据	
目标3	使数据易于理解：用户可以识别内容、语境和适用性	2. 标准：国防部采用一系列标准，不仅包括数据资产管理和利用的公认方法，还包括行之有效的数据表示和共享方法；
目标4	数据互相链接：用户可以通过固有的关系利用数据元素	
目标5	数据可信赖：用户对数据信任，从而进行决策	3. 治理：国防部数据治理提供了从创建到处置各个级别的有效管理数据所需的原则、政策、流程、框架、工具、衡量标准和监督机制；
目标6	数据可互操作：用户对数据有一个共同的表示/理解	
目标7	确保数据安全：保护数据，防止未经授权的使用/操作	4. 人才与文化：国防部的工作人员（各级军方人员、文职人员和承包商）在处理数据、做出基于数据的决策、制定基于证据的政策并实施有效的流程方面的权限将越来越大

5. 软件现代化战略

2022年2月，《国防部软件现代化战略》出台，该战略提出了"通过现代基础设施和平台转移安全交付软件，通过真正的流程变革和人员发展实现转变，真正实现快速、弹性的软件交付能力"的愿景，认为未来作战依靠的将是"灵活性"，软件能力将是美国国防部投入的重点。该战略是《国防部数字现代化战略》的子战略，立足于《国防部云战略》，是关于利用云的能力并在云中开发软件应用程序，以便为部门和作战人员提供持续的增量能力。该战略的战略目标及实施原则详见表9.7。

表9.7 《国防部软件现代化战略》战略目标及实施原则

	战略目标	实施原则
目标1	加速部署美国国防部全域云环境,包括使创新云合同组合成熟;通过改进授权流程等措施保护云中的数据;通过自动化设计模式更快、更一致地采用云服务;做好美国本土外云基础设施的准备对保持可信的威慑至关重要	1. 强调弹性软件的执行稳定性、质量和可靠网络生存能力; 2. 云智能和数据智能,云服务和数据是软件现代化的基础,应加速云采用并结合数据最佳实践,以最终提供有效的功能;
目标2	建立美国国防部全部门的软件工厂生态系统,包括建立合理数量的经批准的企业提供商;通过持续授权加速软件部署;通过企业存储库推动工具的互惠,允许从开发环境到操作领域的端到端软件交付;利用学术界和工业界推动技术突破	3. 全域优先,全域能力是产品组合的关键,该能力的协同管理促进了采用,并允许国防部组件在资源有限的情况下实现价值最大化,应通过军内协作管理来提高成本效益; 4. 全员同步,软件现代化带来了改进的功能和更大的自动化,必须加强国防部员工的发展、培训和招聘工作;
目标3	改变流程实现弹性并提升速度,包括通过政策、法规和标准认识到软件现代化的重要性;让采购更加敏捷;将软件视为数据;提高技术能力;培养一支懂技术的员工队伍;管理现成产品软件以提高效率和效力;健全资源配置流程	5. "超越代码",软件现代化不仅仅只是通过代码开发改进国防部政策、流程和标准

6. 零信任战略

2022年11月21日,美国国防部发布了《零信任战略》,随之一同出台的还有《国防部零信任能力执行路线图》。该战略指出,当前和未来的网络威胁和攻击推动了对超越传统边界防御方法的零信任方法的需求,提出了国防部计划在2027财年前在国防部范围全面实施零信任网络安全框架,以及实现零信任所需的100多项活动、能力和支柱。零信任战略定义了一种自适应方法,国防部必须支持和加速向零信任体系和架构的转变,从而更好地保护国防部联合信息

第 9 章　美国国防部网络空间战略政策

环境（JIE）。该战略旨在建立为实现跨系统和网络之间，如非密 IP 路由器网络（NIPRNet）和涉密 IP 路由器网络（SIPRNet）所采用的零信任措施所需的参数和目标级别。该战略的战略目标及实施方案详见表 9.8。

表 9.8　《国防部零信任战略》战略目标及实施方案

	战略目标	实施方案
目标 1	采用零信任文化：所有国防部人员都了解、理解、接受过培训并致力于零信任的心态和文化，并支持零信任的整合	三个行动方案： 1. 建立零信任"基线"； 2. 依靠商业供应商开发符合零信任的云环境； 3. 利用政府拥有的私有云
目标 2	国防部信息系统的安全和防御：网络安全实践在新旧系统中纳入并实施零信任	
目标 3	技术加速：技术部署的速度等于或超过行业进步	
目标 4	零信任支持：部门级和组件级流程、政策和资金与零信任原则和方法同步	

第 10 章
美国国防部下属部门网络空间战略

当前美国国防部由国防部部长办公厅、参谋长联席会议、3个军种部、10个联合作战司令部、国防部所属16个局和6个专业机构组成。在网络空间战略方面，从其下属部门来看，联合作战司令部下属网络司令部、各军种，以及国防信息系统局和国防高级研究计划局均颁布了相关战略文件，作为国防部所属机构及各军种推进本部门网络安全工作的指导文件，统筹开展网络空间作战能力建设。

10.1 顶层指导战略

2009年6月，美国网络司令部成立。经过近十年的发展，2018年5月，其正式升级为联合作战司令部，标志着美军正式将网络空间与陆地、海洋、天空和太空并列，成为第五战场，美国网络司令部司令除可直接指挥其下直属机构与网络任务部队外，还拥有对各军种网络部队的指挥权，加速了全球网络空间军事化进程。

第10章 美国国防部下属部门网络空间战略

1. 战略概览

2018年3月,美国网络司令部公开其战略文件《美国网络司令部愿景:获取并维持网络空间优势》,显示出了美国网络司令部自2009年成立以来在网络行动和战略思想方面的重大变化。新战略承袭了2017年《美国国家安全战略》的主旨,也是2018年《美国国防战略》在网络空间领域的投射。

该文件是新形势下美国网络司令部的作战宣言和行动指南,是其实现和保持网络空间优势的路线图。该文件明确了网络司令部的战略愿景,即"实现及保持网络空间优势,影响对手行为,为联合力量提供战略和作战优势,捍卫和加强国家利益";同时,有针对性地提出网络空间行动的目标、原则、任务和方法,以指导、同步、协调网络空间计划和行动,为各军种网络战部队统一思想和统一行动奠定基础。为实现指挥官作战意图,该战略提出了5项重要任务,战略任务及愿景详见表10.1。

表10.1 《美国网络司令部愿景:获取并维持网络空间优势》战略任务及愿景

战略任务		愿景
任务1	获取和维持优于对手的技术能力	实现及保持网络空间优势,影响对手行为,为联合力量提供战略和作战优势,捍卫和加强国家利益
任务2	建立网络空间优势,整合所有领域的作战计划和行动	
任务3	将网络作战与信息作战相结合,创造整体信息优势以施加战略影响	
任务4	在政策指导、决策形成和行动等方面加强敏捷性,以适应网络行动环境	
任务5	扩大和加强合作伙伴关系	

2. 特点分析

从战略地位来看,该文件极大提升了网络空间领域的军事优势争夺的重要性。这份愿景文件明确指出，想要取得陆、海、空、天等物理领域的军事优势，在很大程度上取决于网络空间领域所能取得的优势，把网络空间领域军事优势争夺的重要性提升到了一个全新的高度。美国网络司令部认为，网络空间能力是识别和干扰对手信息作战的关键，并提升在所有域击溃对手的军事能力，为决策者和作战指挥官提供增加选项，产生集成效果。

从战略手段来看，通过增强弹性、前沿防御和持续交战三大手段来保持战略优势。增加弹性，旨在降低国内的攻击面，预判对手的行动，在响应中增加灵活性；前沿防御，旨在尽可能接近对手行动的源头进行向前防御，了解对手的意图和能力，接近其源头进行反击；持续交战，旨在向对手施加战术摩擦和战略成本，迫使对手将资源转移到防御，减少攻击。通过上述手段达成网络空间优势，获取和保持网络空间的战术和行动主动权，最终形成针对对手的战略优势。

从战略任务来看，明确了保持网络空间主动权的五大执行要求。具体来看，一要比对手更快、更有效地开发和实施新兴技术和颠覆性创新，以实现和保持打败对手的能力；二要将网络空间能力和力量集成到所有域的计划和行动中，为增强各个域的作战能力创造网络空间优势；三要集成网络空间作战和信息作战，为支持作战效果和实现战略影响创造信息优势；四要在政策指导、决策过程、投资和作战概念方面促进网络空间作战的速度和敏捷性，以适应网络行动环境；五要利用私有企业、机构、盟友和学术界的人才、知识及产品，深化和常态化合作伙伴关系。

第 10 章 美国国防部下属部门网络空间战略

10.2 子层推进战略

近年来,美国各军种纷纷加快了网络空间领域战略部署,从战略内容来看,主要涉及网络空间科技战略、数字现代化转型战略、网络空间作战概念设计、网络空间力量体系规划及网络空间战略战场环境设计等。

10.2.1 美国海军

1. 战略概览

2012 年,海军发布《海军网络力量 2020》,从网络威胁、发展趋势、面临的挑战三方面全面评估了网络空间作战战略环境,提出了 2020 年前海军网络空间行动构想,以及实现这一构想必须关注的重点领域和具体战略计划,是指导海军进行网络空间能力建设的重要指南。

2015 年,海军发布指导海军未来 5 年网络空间能力发展的战略文件《舰队网络司令部战略规划(2015—2020)》,指出海军将通过开展网络空间行动确保海军和联合行动的自由及决策优势,并提出五大战略目标。2020 年 8 月,海军更新了《海军舰队网络司令部/第 10 舰队战略规划(2020—2025)》,新战略植根于海军"分布式海上行动"的总体构想,阐述舰队网络司令部的任务领域、战略目标及支撑措施。

2020 年,海军发布《海军信息优势愿景》,概述了海军在信息领域的现状,阐述了海军信息优势愿景及具体目标,并归纳了实现信息优势的实施途径。一直以来，海军希望"重新构想、重新架构和重新部署"其 IT 网络，因此该文件绘制了一条现代化的新路线，要求美海军将信息管理、数字现代化及相关技术工具提升为核心战略优先事项，通过推动信息变革和作战能力来打造信息优势。

2021 年 3 月，《海军部无人作战框架》发布，作为海军部无人系统领域首个顶层发展大纲，该文件提出了一项愿景、五大目标、七大理想状态、四大挑战、八大行动，要求海军和海军陆战队必须创新、加速交付可信和可靠的无人系统，建设更好、更致命和更有能力的有人/无人混合部队。

2021 年 7 月，《海军智能自主系统科技战略》发布，该战略作为海军"无人作战框架"的互补科技战略，旨在融合自主性、无人系统和人工智能，使无人系统成为海军力量结构中可信赖和可持续的一部分。智能自主系统（IAS）科技战略概述了 IAS 武器相较于传统武器的关键优势，从美国海军 IAS 愿景、战略目标及影响入手，分析了当前美国海军 IAS 应用情况，并就如何在未来成功应用 IAS 系统提出五方面建议。

2022 年 9 月，海军部发布《信息优势拱顶石设计概念》，旨在体现一个跨政策、战略和指令的一致集成的框架，实现海军部信息优势愿景的目标，即"现代化、创新和防御"。该文件为海军和海军陆战队的数字现代化提供了战略性技术指导，文件包括一个总目标、两个结果、三个阶段性目标和四个理念。

2022 年 10 月，海军部发布《网络空间优势愿景》，首次正式提出 3S 原则，即"安全、生存、打击"，指导海军部开展各项日常网络对抗活动及危机、冲突爆发时的网络空间活动，谋求构建网络空

第10章 美国国防部下属部门网络空间战略

间优势,并强调 3S 原则是维持制海权的基础,使海军和海军陆战队能够在网络对抗环境下持续作战。

美国海军重要网络战略的愿景及目标举措详见表 10.2。

表 10.2 美国海军重要网络战略的愿景及目标举措

名称	愿景	目标举措
《海军网络力量 2020》 2012 年 12 月	确保网络空间的自由访问和可信的指挥控制; 防止网络空间战略意外; 投送决定性的网络效应	四个战略举措: 作战整合; 网络人才优化; 技术创新; 规划、计划、预算、执行及采购改革
《美国海军舰队网络司令部战略规划（2015—2020）》 2015 年 5 月	在网络空间、电磁频谱和太空开展行动,以确保海军和联合部队的行动和决策自由,不让对手拥有同样的优势	五大战略目标: 网络作为作战平台运营; 实施定制的信号情报; 网络空间提供作战效果; 创建共享网络态势感知; 建立海军网络任务部队
《海军信息优势愿景》 2020 年 2 月	建立信息优势,为海军赢得全球战斗	三个具体目标: 高效获取、分析并处理信息; 构建现代、统一且敏捷的网络; 培养信息人才
《美国海军舰队网络司令部战略规划（2020—2025）》 2020 年 8 月	确保先发优势; 在激烈作战环境中取胜; 推进现代化和创新	五大战略目标: 网络作为作战平台运营; 实施舰队密码战; 通过网络空间提供作战能力和效能; 加快海军网络力量建设; 建设海军太空司令部

续表

名称	愿景	目标举措
《无人作战框架》 2021年3月	使无人系统成为海军结构中可信和可持续的一部分，快速集成提供作战效果，支持未来海上任务	五大战略目标： 发展有人/无人协同作战能力； 构建数字基础设施，快速和规模化集成无人系统； 激励无人系统研发和测试； 识别、解决共性问题； "以能力为中心"的思路
《海军智能自主系统科技战略》 2021年7月	寻求对美海军作战方式进行颠覆性和演变性的变革，包括赋能基础新能力、增强多域作战能力、增强当前作战能力	九大战略目标： 平时和战时利用IAS创造优势； 利用IAS更好地武装人员、装备和培训部队； 利用IAS加速数字与物理环境之间的连接等
《信息优势拱顶石设计概念》 2022年9月	该文件将信息环境建设发展愿景凝练为"实现任意信息在任意两点间的安全传递"	三个目标： 优化海军部云信息环境； 采用企业化IT服务； 实施零信任网络架构
《网络空间优势愿景》 2022年10月	通过抢占和维护网络空间战术优势及作战主动性，实现并维持网络空间领域的优势，为海军和海军陆战队提供战略和作战优势	指导原则一：保护。必须确保自身系统是安全的；对动态网络安全防御进行持续投资，保护系统免遭攻击。 指导原则二：生存。确保基础设施和武器系统是可生存的；提高其快速响应和从攻击中恢复的能力；开发和采购中将网络安全融入新系统。 指导原则三：打击。必须在网络空间和通过网络空间动态地投射力量；网络部队能够开展前沿防御、持续与对手交战并产生非动能效应

2. 特点分析

从美国海军近年的网络空间战略政策文件来看，具有三大特点：

一是强调打造网络空间信息优势。早在 2012 年海军就提出"确定网络信息需求，以便为决策提供信息"，经过近 10 年的发展，2020 年进一步明确"通过新技术对对手的行动和意图深入分析，以创造信息优势"。

二是强调网络空间作战对联合作战能力的支撑作用。2012 年海军便提出"全面整合海军网络空间作战以支持联合部队实现目标"，2020 年进一步提出"实施舰队密码战"，通过网络空间交付作战能力，规划长期的、全球性的、多领域的、联合信息作战行动，确保美国海军的优势地位。

三是强调利用民间网络空间技术创新力量，加速交付可信、可靠的无人系统。海军几份战略文件都明确指出利用工业界、学术界和联盟伙伴等技术创新力量，迅速更新海军的网络空间能力。此外，2021 年海军部发布无人系统领域的首个顶层发展大纲，要求快速集成以提供致命、可生存和可扩展的作战效果，支持未来的海上任务。

10.2.2　美国陆军

1. 战略概览

2010 年，美国陆军发布《陆军网络空间作战概念能力规划（2016—2028）》，对陆军未来利用网络空间作战和实施网络空间作战进行了全面规划，提出了将网络战纳入全频谱作战范畴的概念框架，定义了陆军网络空间作战概念，分析了未来可能的作战需求并提出解决方案。

2015年2月，陆军首席信息官发布《2020年及以后陆军网络行动计划》，通过构想2040年的作战场景，指出未来陆军将充分利用五个关键领域的技术成果，包括动态传输、计算和边缘传感器，数据决策活动，人类认知能力强化，机器人和自主作战能力，以及网络空间安全和弹性，加快实现网络现代化目标。

2018年1月，陆军发布《陆军网络空间与电子战行动概念》，阐述了陆军融合网络战与电子战，并将网络战、电子战和电磁频谱行动充分纳入联合作战。该文件是指导陆军未来发展网络战和电子战能力的纲领性文件，代表着陆军关于网络电磁融合攻击的最新作战思想。陆军将以整体、同步和集成的方式在战术层面开展网络战和电子战，以更好地支持指挥官开展军兵种联合作战。

2021年10月，陆军发布《陆军数字化转型战略》，旨在指导陆军的数字化转型工作，使之更好地适应数字化战争和多域作战。战略特别强调"建立一支数字使能、数据驱动型陆军"，揭示陆军现代化建设的未来路线。陆军数字化转型战略实现2028年和2035年陆军现代化的关键手段，其愿景是2028年数字军队能够利用联合多域作战（MDO）的创新和变革性技术实现超越。

2021年10月，陆军发布《陆军统一网络计划》，旨在协调陆军各种现代化工作，并提供多域作战所需的网络。统一网络使陆军作战部队能够及时获取数据和信息，确保作战指挥官随时随地达成战略、战役和战术三重效果。该计划旨在塑造、同步、整合和管理统一网络工作，并调整人员、组织结构和能力，在各个层级支持多域作战。

2022年10月，《陆军数据计划》发布，这是一项为期3年的力

第 10 章　美国国防部下属部门网络空间战略

求改善整个陆军数据管理、数据治理和数据分析的工作。该计划将通过进行必要的更改来确保作战人员的数据得到正确管理和使用，设定 4 个短期目标和 7 个长期战略目标，是一种全军范围内改进数据管理，以确保陆军成为以数据为中心的组织的方法，从而为作战人员提供优势。

2022 年 10 月，陆军发布《陆军云计划》，取代 2020 年版计划。新版计划提供了路线图和衡量进展的指标，帮助陆军实现其目标，即保持对美国对手的数字优势，实施一个全球架构，并实现可持续的战略目标。2022 年陆军云计划还提出了 7 个战略目标，包括扩大云计算，实施零信任架构，实现安全、快速的软件开发等。

美国陆军重要网络战略的主要内容详见表 10.3。

表 10.3　美国陆军重要网络战略的主要内容

名称	愿景/中心思想	主要内容
《网络空间作战概念能力规划（2016—2028）》2010 年 2 月	战略中心思想： ①电磁对抗中获取优势、保护优势并置对手于劣势； ②寻求网络空间和电磁频谱中的行动自由，遏制对手；利用网络空间行动支撑陆、海、空、天军事行动；网络作战支撑全谱作战	网络战争（CyberWar）：发现/威慑/拒止/挫败对手行动。 网络作战（CyNetOps）：保护陆战网、关键基础设施与核心资源。 网络支援（CyberSpt）：保障上述两种行动开展支援行动。 网络态势感知（CyberSA）：掌握网络空间和电磁频谱的友方、敌方信息
《2020 年及以后陆军网络行动计划》2015 年 2 月	战略愿景： 未来的网络是一个安全、集成、基于标准的环境，确保不间断的全球访问，并在所有环境所有作战阶段实现协作、果断行动	五大战略目标： 为部队提供信号能力； 增强网络安全能力； 增加网络容量，确保足够的计算基础设施； 优化 IT 服务能力； 加强网络运维能力

续表

名称	愿景/中心思想	主要内容
《塑造陆军网络（2025—2040）》2016年3月	战略中心思想：2025年以后的陆军将维持较小规模的作战力量，通过创新和采用先进网络系统和流程保持非对称优势	五个关键技术领域：动态传输/计算/边缘传感器；数据-决策活动；人类认知能力加强；机器人和自主作战；网络安全和弹性
《陆军网络空间与电子战行动概念》2018年1月	战略中心思想：陆军网络空间作战和电子战：①以整体、同步、统一的方式开展；②支持指挥官开展联合行动；③作战目标要明确化、细化，以提供所需的作战效能；④提供支持多功能作战部队行动的能力	美陆军执行联合跨域作战的解决方案，网络作战空间有七个方面：进攻性赛博空间作战；防御性赛博空间作战；DODIN-A的运行；电子战；情报监视侦察（ISR）；作战环境准备；网络空间态势感知
《陆军数字化转型战略》2021年10月	①现代化与战备：通过数字化转型推动建立一支数字赋能、数据驱动型陆军；②改革：优化数字化投资，更加符合任务要求，向美国陆军提供更大价值；③人员与伙伴关系：与盟友、工业界和学术界建立强有力合作关系网，形成一支高技术水平和高效的数字化队伍	六大行动路线：统一美国陆军企业云和战术云；数据作为战略资产，实现互操作性和决策；为IT和OT资产定义零信任原则，提升美国陆军的网络安全态势；美国陆军IT基础设施和网络的融合与现代化；企业业务系统的融合与现代化；通过定义标准化IT服务，推动以任务为中心的IT服务交付
《统一网络计划》2021年10月	通用操作环境（COE）；通用服务基础设施（CSI）；通用传输层（CTL）；统一网络运行（UNO）	任务1：建立统一网络支持多域战；任务2：为部队多域作战做好准备；任务3：确保安全性和抗毁性；任务4：改革进程和政策；任务5：网络可持续性

第 10 章 美国国防部下属部门网络空间战略

续表

名称	愿景/中心思想	主要内容
《陆军数据计划》 2022 年 10 月	支持数据驱动决策；减少软件和决策分析时间；保持数据更新和作战现代化；分布式决策支持能力	近期目标分四个阶段：建立旅以上的梯队作战框架；确定需求的优先次序；确定解决方案的优先次序；确定"项目目标备忘录"的影响
《陆军云计划》 2022 年 10 月	七大战略目标：扩展云计算；实施零信任架构；实现安全、快速的软件开发；加速数据驱动的决策；加强云操作；发展云计算人才；提供成本透明度和问责制	三大工作方向：零信任传输；云原生零信任能力；零信任控制

2. 特点分析

从陆军近年的网络空间战略政策文件来看，具有三大特点：

一是重视网络空间作战与陆、海、空、天四大领域作战能力的整合，陆军在 2010 年、2015 年及 2018 年的三份战略文件中都清晰勾勒了如何将网络作战与其他作战能力相整合，以寻求在全谱作战中获取优势、保持优势，并置对手于劣势。

二是重视构建安全、弹性并足以支撑全球军事行动的一体化网络能力，战略文件凸显了陆军期望未来的网络具有高度的响应能力，能满足陆军在任何时间、任何地点、任何设备上果断执行行动，以支持持续的任务指挥，从而在作战中取胜。

三是重点发展陆军网络现代化能力，为 2028 年多域作战部队赋能。为进一步指导陆军的数字化转型工作，使之更好地适应数字化战争和多域作战，陆军从顶层设计上全力推进军队现代化和战备、优化和调整数字化投资结构、人才和伙伴关系三个目标；从部队建设上统一作战环境、统一服务基础设施、统一传输层、统一网络作战和网络防御能力，确保陆军为多域作战作好准备。

10.2.3 美国空军

1. 战略概览

美国空军在网络空间作战能力布局方面启动较早。2008 年，空军发布《网络司令部战略构想》，早期的战略构想提出通过构建和增强网络空间能力，以在电磁频谱或通过电磁频谱进行持续综合作战行动。2012 年，空军发布《网络愿景规划 2025》，描绘空军近期、中期和长期的网络空间科学与技术蓝图。

2014 年，空军发布《美国空军：未来的召唤》，指出空军五大核心任务已扩展至太空和网络空间，急需整合太空和网络空间行动来提供最有效的作战方案。

2019 年 4 月，空军发布《科技战略：加强空军科技 2030 及远期规划》，强调空军强大的优势作战能力必须以领先的科技作为驱动力量，以科技创新构建非对称优势能力。该战略阐释了空军未来的核心能力目标及五大战略能力需求，勾勒了提升科技地位和话语权的新做法，是空军为保持科技领先优势而提出的一份系统性、战略性顶层设计文件。

2019 年 9 月，空军发布《2019 美国空军 AI 战略》，该战略依据美国国家防御战略及国防部人工智能战略制定，为空军自身发展与使用人工智能提供框架指导。该战略也是实施空军科技 2030 战略的框架,详述了与信息技术、数据、算法、人才和合作有关的原则。

2022年8月,空军发布《空军首席信息官公共战略(2023—2028年)》临时草案,阐述了空军在未来六年内对其未来数字环境的愿景,包括实施零信任、加速云采用,以及利用数据和人工智能。该战略要求空军实施跨多个密级保护数据的零信任架构,包括根据受保护资源的敏感性管理用户、凭证和访问风险的基础身份元素。

美国空军重要网络战略愿景及目标举措详见表10.4。

表10.4 美国空军重要网络战略愿景及目标举措

名称	愿景	目标举措
《网络愿景规划2025》 2012年6月	确保空军在空中、太空、网络空间、指控、情报监视侦察及任务支持等领域的网络空间优势	四个战略目标: 任务确保和授权; 灵活性和弹性; 优化人机系统; 筑牢信任基础
《美国空军:未来的召唤》 2014年7月	一是灵活性,即空军发展与教育、能力建设、作战培训及组织方面的灵活性; 二是包容性,即空军结构、文化、伙伴关系的包容性	五个战略目标: 提供有效的21世纪威慑; 维持全球集成的ISR能力; 确保一支具有全频谱能力、掌握尖端技术的作战力量; 寻求五大任务跨域解决途径; 追求改变游戏规则的技术
《科技战略:加强空军科技2030及远期规划》 2019年4月	打造一支在未来军事冲突中,在所有作战域里,全面主导时间、空间、复杂性,从而赢得战争并保卫本土的作战力量	三个战略目标: 构建变革性质的战略作战能力; 改革科技研发领导与管理模式; 加快科技创新与成果转化,形成新型作战能力

续表

名称	愿景	目标举措
《2019美国空军AI战略》 2019年9月	为避免对手借助人工智能削弱美国空军的优势作战能力，空军必须将人工智能当作优先发展领域，给予政策与资源侧重	与人工智能领先力量合作，使用先进技术成果，打造作战能力； 将数据视为战略资产，为人工智能算法提供高质量的训练数据； 在风险可控前提下，广泛使用人工智能业界公开成果； 提高空军人员信息技术水平
《空军首席信息官公共战略》（草案） 2022年8月	在网络安全方面，空军定义和培训员工的"基本风险态势"，通过推动加密敏捷性及现代化和创新，加强关键基础设施弹性网络防御	六大努力方向：加速云采用；网络安全的未来；建立人才管理战略；IT投资综合管理；卓越的核心IT和任务支持服务；数据和人工智能

2. 特点分析

从美国空军近年的网络空间战略政策文件来看，具有三大特点：

一是致力于打造灵活的全球集成的情报监视侦察能力，空军多份战略文件都体现其以夺取空中、太空和网络空间的主导权为使命，为空军全球力量投送的目标进行铺垫。

二是致力于寻求改变游戏规则的网络空间技术，空军早在2012年就发布了网络空间领域科技战略，强调强大的作战优势能力必须由领先的科技作为驱动力量，以改变游戏规则的创新技术构建非对称优势能力。

三是致力于打造"联合全域指控"，以实现全域态势感知和跨域指挥能力。空军是美军中最早开始组建的网络空间作战指挥机构，其主导建设的"先进作战管理系统"（ABMS），在系统研制之初就把

第10章 美国国防部下属部门网络空间战略

机器学习算法、人工智能和自动传感器融合等应用于其指挥控制能力中,打造一个以网络为中心的分布式多域作战体系,具备自主、多域的信息融合能力,将数据转化为可供制定决策的信息。

10.2.4 国防信息系统局

2019年7月,美国国防信息系统局(DISA)发布了《2019—2022战略规划》,该规划提供了完成相关任务的框架,从而为国防部提供支持。DISA致力于支持联合作战人员开展国防部信息网络(DODIN)行动,提升美军在所有作战域的杀伤力。该战略提出了推动关键基础设施现代化、加强网络安全、促进创新等七个具体目标,在加强网络安全方面,重点提及加强防御体系结构,使其更具弹性和敏捷性。此外,该战略提出了一个技术路线图,描述了DISA将用于实现战略计划的途径,这些技术将有助于国防部建立一个更加安全、协调、透明和经济高效的体系结构,将数据转化为可操作的信息,并确保在持续的网络威胁面前可靠地执行任务。该战略的战略目标及任务详见表10.5。

表10.5 国防信息系统局《2019—2022战略规划》战略目标及任务

战略目标	任务
作战和防御	实施基础设施现代化。包括标准化配置、更高容量、更低成本等,并将数据中心、网络、服务平台和网络运营中心整合到安全、集成的环境中
	加强作战。如开发全面网络作战工具集,采取防御网络作战的防御措施,扩大网络演习等,建立具备成熟度、战备能力、互操作性和互信的全球联合作战方法
采用、采购和创建解决方案	优化体系。利用云优势,提供统一信息技术服务功能,为指挥与控制组合提供现代化能力

续表

战略目标	任务
采用、采购和创建解决方案	加强网络安全。增强防御体系结构,利用人工智能和机器学习、自动分析网络传感器、威胁指标和系统输出识别恶意行为者等 创新驱动。在国防部内部合作,预测新的任务伙伴需求,提供资源创新解决方案
人员能力提升和机构改革	为员工提供教育、培训和发展机会实现人才激励 推行机构改革

2020年11月,由于新冠疫情的全球蔓延和大规模远程办公环境的兴起,DISA修改了其四年战略计划的方向以应对远程办公导致的网络安全风险。新版战略明确了未来两年的三大核心技术重点领域,包括网络防御、云计算和国防企业办公解决方案(DEOS),战略计划及主要内容详见表10.6。

表10.6 《2019—2022战略规划》(2020年更新版)战略计划及主要内容

战略计划	主要内容
网络防御方面	DISA的网络防御战略重点围绕"零信任"展开,必须定义零信任参考体系架构;计划使用内部和商业供应商的威胁情报来增强网络边界的网络防御能力;加强区域防御和终端安全的计划
云方面	强调敏捷软件开发活动,列出了云计算的三大工作重点,包括基于云的互联网隔离工具、云访问和安全及云基础设施。对于云基础设施,DISA希望在SIPRNet上部署milCloud 2.0,并整合联合体系防御基础设施云提供的公共服务
国防企业办公解决方案方面	国防体系办公解决方案是一个商业云产品,将在整个国防部范围内提供微软办公套件,以使整个国防部的工具和应用程序标准化。在美国大陆范围内创建、测试和授权NIPRNet服务,以及启动美国大陆外(OCONUS)和SIPRNet服务

10.2.5 国防高级研究计划局

2019 年 12 月，国防高级研究计划局（DARPA）发布了《面向国家安全创建技术突破和新能力》的战略框架文件。DARPA 是美国国防部下属的一个行政机构，负责研发用于军事用途的高新科技，其宗旨是保持美国的技术领先地位，防止潜在对手意想不到的超越。该文件指出美国国家安全当前面临多种威胁，明确全球化背景下，DARPA 在未来几年应关注的四个重点领域：

① 捍卫国土安全，涉及自主网络安全、战略网络威慑、大规模杀伤性武器感知和防御等一系列新能力；

② 威慑并战胜高端对手，实现在陆、海、空、天和电磁频谱等领域威慑对手的新能力；

③ 开展维护稳定工作，美国发展应对非正式、非常规的灰色地带冲突和城市规模战争的能力；

④ 推动科学技术基础性研究的发展，重点关注人工智能和机器学习、微系统、分子信息学新计算方法、下一代社会科学等。

本篇结语

2021 年拜登上台之初，针对关键基础设施的供应链攻击、勒索软件攻击等"轮番上演"，加之在疫情的催化剂作用下，关键基础设施的网络安全问题成为民众对新上任政府执政能力评估的一个重要"端口"，在一定程度上向拜登政府施压，推动了拜登当局加快网络安全政策的制定。拜登在临时国家安全指南中表示"网络安全是第一要务，提升网络安全在联邦政府的重要性"之后，在行政令中再次强调"网络安全为联邦事务优先项"，从政策上明晰了网络安全的地位。总体来看，拜登政府的网络空间布局重点和趋势走向体现在以下五个方面。

一是以关键基础设施网络安全防护为核心，通过网络安全与基础设施安全局（CISA）扩大公私合作以构建集体防御模式。关键基础设施的网络安全防护问题占据了拜登新版网络安全战略的大量篇幅，重点强调通过 CISA 建立集体防御模式形成持久有效的协作防御模式。新版战略要求精简并强化关键基础设施安全管理要求，使关键基础设施安全管理要求更加灵活和具有适应性，同时将基于已有合作机制及法律环境强化关键基础设施集体防御。在公私合作方面，联邦政府将通过 CISA 继续加强与行业风险管理机构（SRMA）的协调，进一步与行业信息共享与分析中心（ISAC）、信息共享与分析组织（ISAO）合作就公私协作模式制定共同愿景，以改善关键基础设施安全弹性。在机构整合方面，未来将由国家网络总监办公室（ONCD）领导加强机构整合，并制订实施计划以实现迅速和大规模的合作，推动联邦政府内部协调，及与非联邦政府的协调。

二是以软件供应链安全为优先事项，从 SBOM、安全软件开发框架、开源软件三方面加强供应链风险缓解。拜登自上任之初就把加强供应链安全作为优先事项，追根溯源，是因为供应链体系的构建对网络安全主动权的掌握具有强相关性，本质上也是为了保持在网络安全领域的主导权和控制力。2021 年拜登签署第 14017 号"关于确保美国供应链安全的行政令"，展开了为期 100 天的供应链风险审查。新版战略中指出"太多供应商忽视安全开发的最佳实践，交付产品具有不安全的默认配置或已知漏洞，以及不安全的第三方组

第10章 美国国防部下属部门网络空间战略

件",开始将责任转移给未能采取合理预防措施确保软件安全的供应商,并提出了三方面举措,包括持续引入软件物料清单(SBOM),用于追踪已知的和新出现的漏洞和风险,帮助提高软件系统的安全性;推行 NIST 安全软件开发框架,将安全的软件开发实践添加到每个软件开发生命周期模型中,减少已发布软件中的漏洞数量;同时强调提高开源软件的安全性。

三是以"零信任安全架构"为新的驱动力,推动联邦政府 IT 和 OT 现代化。伴随云计算、大数据等新兴网络技术的发展应用,网络边界逐渐模糊,边界防护效果锐减。为能实现内生安全的目标,拜登上台后在国家层面发布《联邦零信任战略》,要求美国政府在未来两年内逐步采用零信任架构;在国防部层面发布《零信任战略》,要求在新旧系统中整合并实施零信任,保护国防部信息系统和数据。新版网络安全战略指出"本届政府致力于改善联邦网络安全,通过长期实施零信任架构战略,使 IT 和 OT 基础设施现代化"。新版战略发布后不久,美国国防信息系统局宣布了"雷霆穹顶"(Thunderdome)项目实施方案,作为国防部"零信任"网络安全计划的子项目,旨在实现数据在军队加密网络和非加密网络间"安全、受控地流转",打造美军数字生态系统。

四是以"后量子密码"为技术突破点,率先启用后量子密码保护卫星数据通信,确保美国拉开技术代际优势。随着量子计算技术的发展,量子计算对传统密码学的威胁不断显现。为应对这一风险,美国优先考虑将密码系统及时、安全地过渡到后量子加密系统。拜登上台后,大力推动量子信息科学的研究与开发,力求在 2035 年前尽可能多地减轻量子计算机对国家网络安全构成的威胁。新版战略中指出"联邦政府将优先考虑将脆弱的公共网络和系统过渡到基于量子密码的环境"。在预算方面,拜登政府在2023财年预算中为NIST划拨1.87亿美元,用于包括量子科学在内的新兴技术的标准更新。NIST已公布了首批4种后量子密码标准算法,这些算法是为加密的两个主要任务而设计的,即一般加密,用于保护通过公共网络交换的信息;数字签名,用于身份验证。在项目方面,美国已率先启用后量子密码保护卫星数据通信,构建出全球首个能抵御量子计算攻击的卫星通信网络。

五是以打击勒索软件活动为新的着力点,对内成立"勒索软件工作组",对外联合发布"反勒索软件倡议"。拜登政府认为"勒索软件是紧迫而急剧增加的美国家安全威胁",其新版战略将"打击和消除威胁行为者"列为第二大支柱,更是指出"将战略性使用所有国家力量工具、让私营部门参与到相关打击机制中,全面应对勒索软件威胁"。从内部来看,美国采用了一种"政府整体"的方式应对勒索软件攻击,于2021年成立了一个跨机构的勒索软件工作组(RTF),在政府的协调下,开展持续的、情报驱动的反勒索软件活动。从外部来看,2022年美国协同其他35个国家提出"反勒索软件倡议"(CRI),主要任务是打击支撑勒索软件生态系统的非法金融活动及在勒索软件威胁方面开展国际合作。

从系列战略可以看出,虽与特朗普政府相比,网络空间战略政策有所调整和变化,但总体上看,美国对我国"长期战略竞争对手"的战略定位没有改变,由于网络安全问题与国家安全高度关联,网络安全问题也将持续成为中美关系的焦点和议题。尤其是2022年在俄乌冲突的影响下,美国联邦政府、国防部及各军种都陆续出台或更新了相关网络空间战略政策文件,始终遵循"战略指导—力量支撑—技术牵引"的发展路线，根本目的在于维持网络空间作战绝对优势，强化网络空间整体攻防能力，提升网络空间实战水平。可以预见，未来拜登政府的网络安全战略政策将紧密围绕谋求网络空间战略利益，力求抢占网络空间战略制高点，以维持其在网络空间领域的绝对优势地位。

本篇参考文献

[1] 蔡军，王宇，于小红，等. 美国网络空间作战能力建设研究[M]. 北京：国防工业出版社，2018.

[2] 杨家英，孔亚洲，连涛. 浅析美国网络空间作战发展新动向[J]. 指挥控制与仿真，2022，44（5）：11-14.

03
法规篇
美国网络空间法规体系研究

美军网络空间作战概念及战略法规体系研析

美国从第二次世界大战情报的重要使能作用中逐渐意识到保护信息安全的重要性，相继发布了早期的《信息自由法案》《联邦计算机系统保护法案》。通过法案将计算机安全、信息安全纳入法律保护范畴。大国竞争时代，美国又相继发布了《联邦信息安全现代化法案》《2015网络安全法》等网络空间安全领域重要法案。同时，美国各联邦职能部门根据各自在网络空间的职能发布了诸多法规、条令和指南，参谋长联席会议（以下简称参联会）及各军种也发布了具有指导意义的网络空间作战条令，这些法规和指南约束、指导和强化了美国在网络空间安全领域的各种行为。美国已形成了世界上网络空间安全领域最具规模的法规体系。但目前，关于美国网络空间法规体系的研究多以单一领域或单独法规研究为重点，本篇立足于美国网络空间法规、指南和条令的成体系研究，在广度上覆盖了国家、国防、军种等各级法规，在深度上对法规发布流程、联合条令体系及法规内容进行了深入剖析，以期能够为读者全面系统地了解美国网络空间安全法规体系提供参考。

本篇第一章对美国网络空间安全法规条令体系进行了层级划分，依据美参联会指令等文件对国家级、部门机构级、参联会和军种级法规条令的制定发布流程进行了梳理；第二章精选国家及联邦政府网络空间重点法规条令进行概览和分析，总结其主要内容、现实意义和特点；第三章对部门机构的重点法规条令的主要内容进行了总结，并结合实际分析了其现实意义；第四章梳理了联合条令体系，对在网络空间具有重要影响力的参联会条令进行了主要内容和现实意义的分析，并对军种重点条令进行了分析。

第 11 章
美国网络空间安全法规条令体系

美国网络空间安全法规条令的高频发布，离不开其完整的法规条令体系，从国家层面到部门机构层面，再到参联会及军种级条令，都有其特定的发布流程。本章将美国网络空间法规条令划分为三层：国家层、部门机构层、参联会和军种层，分析了国家级立法流程，绘制了立法流程图，明晰了具体过程；详细阐述了联邦和部门级法规制定流程；依据美军 2020 版最新《联合条令开发流程》（CJCSM 5120.01B）重点描述了美军联合条令的制定流程，并研究得出军种条令制定流程与联合条令制定流程相似的结论。

11.1 美国网络空间安全法规条令体系划分

美国现有公开发布的网络空间安全法规条令涉及数量多、内容广，本书根据其制定主体的不同，从美国国家层面、部门机构层面、参联会和军种层面形成美国网络空间安全法规条令的三层体系，并构建了美国网络空间安全法规条令的三层体系图，如图 11.1 所示。以"三层"架构为基准，对各层的重点法规条令进行重点解析，研究了各层重要法规条令的发布背景，并重点解读其主要内容，同时研判其现实意义。

图 11.1　美国网络空间安全法规条令体系图

第一层为国家层面法规，主要由总统令和重要法案组成，该层的法规是立足国家和联邦政府网络安全，从最高层面对网络安全提出的强制性要求，是美国网络空间领域的顶层指导文件，具有该领域最高的法律作用，从法理角度为美国在网络空间领域塑造大国优势提供了天然土壤。该层法规主要包括参议院、众议院、白宫和国会发布的《联邦信息安全现代化法案》《网络安全法》《加强美国网络安全法案》《美国创新与竞争法案》《美国数据隐私和保护法案》《2021年敏感个人数据保护法》《网络安全国家行动计划》《太空政策指令》《提升国家网络安全行政令》《主动网络防御确定法案》《促进数字隐私技术法案》《在线隐私法案》等对美国网络空间安全具有深远影响的文件。

第二层为部门机构法规，是美国联邦职能部门根据国家层面法规，结合各自在网络空间领域职责制定的具有强制性约束力的指导文件，主要包括国防部、国家安全系统委员会、国家安全局、国土安全部的网络安全与基础设施安全局等部门、国家标准与技术研究院以及国防信息系统局发布的重点法规、指南和条令。该层法规包括但不限于：①国防部发布的指令和指示，如 DoDD 5101.21E《国防部统一平台和联合网络指挥与控制》、DoDD 8140.01《网络空间力量管理》、DoDI 5000.90《采办决策机构和项目管理的网络安全》、DoDI 8531.01《国防部漏洞管理》、DoDI 8523.01《通信安全》、DoDI 8410.02《对国防部信息网络作战的支持》、DoDI 8510.01《国防部系统风险管理框架》等；②国家安全局发布的指南，如《拥抱零信任安全模型》《网络基础设施安全指南》《Web Shell 恶意软件检测与防御》《5G 云基础设施安全指南》等；③国家标准与技术研究院发布的信息安全标准，如《零信任架构》《风险评估实施指南》《计算机安全事件处理指南》《联邦政府物联网设备网络安全指南》《信息安全持续监控计划评估指南》《IPsec VPNs 指南》《信息系统和组织的安全与隐私控制》《实施零信任体系架构》等；④国土安全部发布的指南及路线图等，如《降低已知被利用漏洞的重大风险》《应对量子技术风险路线图》《网络安全事件和漏洞响应手册》等；⑤国防信息系统局发布的《国防部零信任参考架构》等。

第三层为参联会和军种级条令，主要包括联合条令和各军种发布的条令。该层条令主要是各军种以国家网络空间法规和国防相关法规为基础，为落实网络空间作战内容制定的文件，具有强制约束性、实践性和可操作性，是联合作战和各军种遂行网络空间作战任务的实施细则，如参联会发布的 JP1 第 1 卷《联合作战》、JP1 第 2 卷《联合部队》、JP1-0《联合人员支持》、JP2-0《联合情报》、JP3-0《联合作战》、JP5-0《联合规划》、JP6-0《联合通信系统》、JP3-12《联合网络空间作战》；各军种发布的相关条令，如陆军发布的 FM3-12《网络空间作战和电磁战》《战略性网络空间作战指南》，空军发布的 AFDP3-12《网络空间作战》、AFPD17-2《网络空间网络战行动》等。

11.2　美国网络空间相关法规制定发布流程

11.2.1　国家级法律立法流程

美国国家级法律指的是由参议院和众议院发起，总统签署的法律。这一层的立法流程分为八步：国会议员向本院（参议院或众议院）提出立法法案；本院将法案列入议程；本院对法案进行审议；议案在本院通过后再提交另一议院进行审议；国会另一议院审议后如果有修改意见，则将修改后的法案提交原议院，其过程可以无限反复直至两院达成一致意见；两院通过法案之后交由总统签署生效；总统如拒签，两院可召开全体会议，只要满足两院 2/3 人数以上通过，法案可无须总统签署自动生效。

11.2.2 部门级法规制定流程

美国各联邦部门级的法规是根据国会授权的法律制定的具体实施细则，主要参与主体是国会、总统执行办公室下属的管理与预算办公室（OMB）、联邦政府管理机构、公众和法院。国会的职责是保证联邦政府部门在实施某项法规之前应满足或执行特定任务的法律。OMB 负责根据 12866 号总统令统一审议美国所有的法规。联邦政府管理机构负责确定制定某项法规的必要性、起草并公布拟制定的法规、必要性分析、举行听证会、接受评论意见并回应、起草公布最终法规。公众则对法规的制定具有相关权益：可请求启动某项立法；可要求与政府部门或 OMB 当面讨论相关问题；可对拟议法规提出评议意见；法规生效后，受影响的公众团体可到法院质疑相关法规。法院参与法规司法审查。

美国联邦各部门的法规制定程序如下：①法规制定部门确定是否制定某项法规或规章；②法规制定部门起草拟议法规并进行充分分析；③OMB 对拟议法规的草案审议，确定法规等级；④法规制定部门公布法规草案，公开征求意见；⑤法规制定部门起草最终的法规；⑥OMB 对最终法规进行审议；⑦最终法规批准并在《联邦记事》上公布；⑧法规制定部门将最终法规提交国会。

11.2.3 联合条令及军种条令开发流程

1. 联合条令开发组织体系

参联会负责制定联合条令，在其联合条令组织体系里负有条令开发职责。联合条令开发组织体系由三部分组成：①参联会主席；②有表决权的成员，包括各作战司令部、各军种、国民警卫局和联合参谋部七处（J-7）；③无表决权的成员，包括除联合参谋部七处（J-7）以外的联合参谋部部门、作战司令部条令组织、国防大学和作战支援机构。联合条令开发组织体系成员将履行其角色和职责，无表决权成员通过联合参谋部七处（J-7）提出意见和立场。联合条令开发组织体系如图11.2所示。

参联会主席		
有表决权	作战司令部 非洲司令部 中央司令部 网络空间司令部 欧洲司令部 北方司令部 印太司令部 南方司令部 太空司令部 特种作战司令部 战略司令部 运输司令部	军种 陆军 海军陆战队 海军 空军 太空军 海岸警卫队
	国民警卫队局	联合参谋部七处（J-7）
无表决权	除联合参谋部七处（J-7）以外的联合参谋部部门 作战司令部条令组织 国防大学 作战支援机构	

图 11.2 联合条令开发组织体系

2. 联合条令及军种条令开发流程

联合条令开发生命周期（见图 11.3）共分为五个阶段，包括初始阶段、开发阶段、批准阶段、维护阶段和修订阶段。在此基础上，美军联合条令的制定流程分为新制定条令和现有条令修订两种。

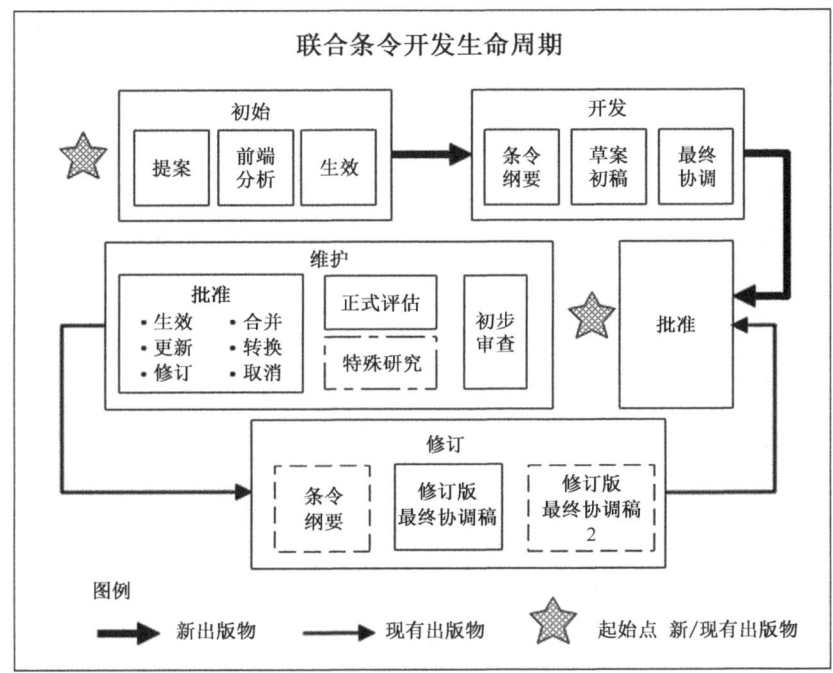

图 11.3　联合条令开发生命周期

1）新制定条令

（1）初始阶段

所有新的联合出版物都从初始阶段开始，这一阶段从联合参谋部七处（J-7）收到开发新联合出版物的提案开始，并伴随提案生效阶段结束。初始阶段包括提案、前端分析（对所有联合条令的提案和需求评估进行分析），以及生效三个步骤，初始阶段一般为 4 个月。

（2）开发阶段

当一个新的联合出版项目被启动后，即进入开发阶段。条令开发阶段包括条令纲要、草案初稿和最终协调三个步骤，开发阶段一般为 20 个月。

（3）批准阶段

正常的批准阶段持续 2.5 个月，联合参谋部七处（J-7）将准备出版物的签字草案，包括前言、执行摘要，修改摘要页面，并把签字草案返回给联合条令发起人，签字草案代表了联合条令开发成员向联合参谋部七处（J-7）提出的建议，以批准联合条令。

2）现有条令修订

（1）维护阶段

维护阶段的目的是监督批准后联合条令的有效性和相关性，其提供给联合开发组织体系非正式和正式的反馈意见，并对条令未来的处置提出建议。条令维护阶段包括批准、正式评估、特殊研究（根据需要）和初步审查。①批准，包括生效、合并、更新、转换、修订和取消；②正式评估，正式评估是一项全面的、分析性的工作，评估机构会在初审发现有重大修订需要时，进行正式评估；③特殊研究，根据需要开展特殊研究，包括作为回答特定问题的定向研究，针对合并、转换或取消联合条令的建议，以及联合条令规划会议决议；④初步审查。

（2）修订阶段

联合出版物的修订基本在 12.5 个月内完成，联合工作组交付对条令裁定后的意见决议矩阵时，修订阶段随即结束。

此外，各军种条令开发也包括新开发条令和对现有条令的修订两条开发流程。如空军条令的制定,其由空军参谋长每年主持一次条令峰会,审查空军条令现状,审查和提供关于条令问题的优先级和有效性的指导。新条令的制定或现有条令的修订通常是由于空军参谋长或公认的条令指导性不足。空军条令制定的主导部门是里梅中心(Lemay Center),提案必须提交给里梅中心(Lemay Center)条令发展主任。

第 12 章
美国国家及联邦政府网络空间重点法规

美国网络空间安全国家层面法律主要由总统令和重要法案组成。总统令是由美国总统作为联邦最高行政首长对联邦所属各机构发布的具体法律效力的指示,是总统执行法律、形成和推行自身政策的重要手段。总统令不受《联邦行政程序法》调整,在制定权基础、制定程序和涉及领域方面有自己的特殊之处。重要法案则包括联邦政府法案、州政府法案。总统令和重要法案在美国都是具有法律效力的文件。美国近年发布了诸多网络空间行政令和法案,本章选取有代表性的重点法规和行政令进行梳理,总结其主要内容和现实意义,并对国家和联邦政府的法规特点进行分析。

12.1 重点法规概览

12.1.1 《2015 网络安全法》

2015 年 12 月 18 日,作为《2016 年综合拨款法案》附加内容的

第 12 章　美国国家及联邦政府网络空间重点法规

《2015 网络安全法》由美国国会通过，总统奥巴马签署该法案。由于该法案不仅涉及"信息共享"，还包含保护美国网络安全和国家利益的更多法律措施，特别是进攻性网络防御措施，美国一些官方文件直称该法案为"2015 网络安全法"。《2015 网络安全法》主要由四部分构成：①《2015 网络安全信息共享法》，强调网络安全信息共享，是综合法案的核心内容；②《2015 国家网络安全保护促进法》《2015 联邦网络安全强化法》，旨在促进国家网络安全；③《2015 联邦网络安全人事评估法》；④其他网络安全相关事项。

1. 主要内容

1)《2015 网络安全信息共享法》

《2015 网络安全信息共享法》是美国关于网络安全信息共享的第一部综合性立法，也是奥巴马政府最重要的网络安全综合性立法成果。该法案对美国政府和相关私营主体的网络安全信息共享提出了要求，标志着网络安全信息共享及整合迈出关键步伐。信息安全与隐私保护一直是信息共享实践中的两大主题，从《2015 网络安全法》来看，网络安全信息共享并非没有限制的信息融合，而是具备更加完善的共享规则约束的信息共享。《2015 网络安全信息共享法》对信息共享主体、共享范围、共享目的、共享性质、共享保护方式和共享权力限制六个方面都做了明确：①共享主体，即联邦实体与非联邦实体，就其所掌握的网络安全信息实时或及时共享，联邦实体包括美国联邦的部门、机构或其组成部分，非联邦实体包括所有的私营实体、非联邦政府机构、部门，州、部落或地方政府。②共享范围，即共享内容的限制，主要包括网络威胁指标和防御措施，网络威胁指标主要指识别或描述网络恶意侦察、安全漏洞、恶意网络指挥控制和网络安全威胁等的必要信息，防御措施主要指针对信息系统或系统中存储、处理或传输的信息，开展检测、预防或减轻已知、疑似网络安全威胁或网络安全漏洞的行为。③共享目的，旨在保护信息系统或系统中存储、处理或传输的信息，使其免受网络安全威胁或网络安全漏洞的影响。④共享性质，即联邦实体和非实体之间的信息共享是一种自愿的共享关系，而非义务性的。⑤共享保护方式，分别对共享内容和共享者做了充分的保护考虑。⑥共享权力限制，在信息共享关系中，联邦实体以其掌握的权力资源成为共享主体中的优势方，法案由此对政府活动施加了一定限制，确保共享关系有序建立，共享活动持续进行。

《2015 网络安全信息共享法》还配套了相应指南：①网络安全与基础设施安全局（CISA）关于共享及隐私程序的相关指南，包括网络安全信息共享法案下的非联邦实体共享指南、隐私和公民自由最终指南、联邦政府共享指南、联邦政府收到网络威胁指标和防御措施的最终程序。②《协助非联邦实体根据 2015 年网络安全信息共享法与联邦实体共享网络威胁指标和防御措施的指南》，2016 年 2 月，国土安全部与司法部出台指南，明确联邦机构和私营部门与国家网络安全和通信集成中心（NCCIC）进行网络威胁指数共享的举措、国家网络安全和通信集成中心（NCCIC）分析和使用网络安全威胁信息的规程，要求私营部门与政府通过 DHS 的自动化指标共享平台实时共享网络威胁数据，需要执行两层隐私保护机制，清除个人隐私信息。

2）《2015 国家网络安全保护促进法》和《2015 联邦网络安全强化法》

《2015 国家网络安全保护促进法》从更加具体的组织架构、共享流程和共享信息分析等层面保障信息共享的可操作性。《2015 联邦网络安全强化法》对网络威胁信息监测机制的具体构建做了明确规定,主要包括:①制订入侵评估计划;②运用入侵检测和防御机制。前者通过制订入侵评估计划来常规性识别和清除重要信息入侵因素,后者则通过落实检测和防御机制,阻止流量中的网络安全风险传输到网络信息系统。

3)《2015 联邦网络安全人事评估法》

网络安全空间是基于信息技术而集成的虚拟空间,而该虚拟空间又是非独立的,现实空间中的多元利益格局充分体现在该虚拟空间的规制中。因此,网络空间安全的部署和防控,不同于一般的政府事务管理,具有更强的专业性和技术性,该空间必须由专业技术人员研判网络安全态势,并在此基础上妥善选择网络安全对应策略。《2015 联邦网络安全人事评估法》基于此对网络安全相关岗位、职责进行详细规定,为网络空间安全的发展及相应保护机制的具体实现提供有力支撑。

除此之外,《2015 网络安全法》对其他网络事项的附加规定主要涉及移动设备网络安全、国际网络空间政策战略、国际网络犯罪分子的逮捕起诉、应急服务、医疗卫生行业网络安全、联邦计算机安全和金融信息保护。

2. 现实意义

从法案内容来看,此法案是美国政府在网络空间防控优化升级及信息资源整合上的重要进步。尤其在网络安全信息共享方面,堪称一部较为完备的法律,首次明确了网络安全信息共享范围,为私营部门和联邦政府建立了自愿共享机制，规定了私营部门共享网络安全信息的责任豁免，授权联邦政府以外的各种实体监测某些信息系统并进行防御性操作和网络安全措施。此外，该法案明确了加强联邦机构网络安全保护、评估联邦政府的网络安全工作人员，以及实施一系列提升网络安全的措施，促进了美国公私实体网络安全威胁信息共享，提升了美国网络安全能力，是迄今为止最重要的美国网络安全综合性政策立法。

还有学者认为，该法案表面涉及网络安全信息共享、国内网络安全防御等，但其本质不仅是网络防御和网络进攻的法律授权，还是网络战全面动员的法律保障，它还授予了总统"网络停服"的生杀大权，将民间机构转变为网络战工具，使对外"网络制裁"成为网络战的工具，明确提出了美国网络战执行者的豁免条款等，充分体现了依仗其网络霸主地位利用网络安全话题为其国家利益服务的国家意志。

12.1.2 第 14028 号行政令《提升国家网络安全》

2021 年 5 月 12 日，美国总统拜登签署第 14028 号行政令《提升国家网络安全》（以下简称"行政令"），该行政令承认美国政府需要彻底改变处理网络安全和保护国家基础设施的方式，采用大胆举措提升美国网络现代化、软件供应链安全、事件检测和响应等应对网络威胁的整体防御能力。"行政令"特别明确指出联邦政府所有信息系统应达到或超过该行政令中规定和发布的网络安全标准及要求。

第12章　美国国家及联邦政府网络空间重点法规

1. 主要内容

一是消除共享威胁信息的障碍。"行政令"要求政府和私营部门之间消除威胁信息共享的障碍。信息技术提供商通常不会很主动地与政府共享其系统的安全漏洞分析结果等信息。"行政令"的这一要求，对联邦政府实现更加有效的防御及提升整个国家网络安全能力是很有必要的。

二是联邦政府网络安全现代化。面对当今日益复杂的网络威胁环境，"行政令"指出，联邦政府必须加快网络安全现代化，包括提高联邦政府对威胁的可视性，同时保护公民的隐私和自由。"行政令"要求联邦政府必须走在前面，包括更新和实施更强的网络安全标准、采用零信任安全模型、加快向安全云服务的转移、严格部署多因素身份验证和加密等基础安全工具。

三是提高软件供应链安全性。"行政令"指出，当下的商业软件开发缺乏透明性，对抵抗攻击的能力及防止恶意行为篡改的能力关注不足。联邦政府必须采取行动，迅速提高软件供应链的安全性和完整性，有效解决关键软件（执行关键功能的软件）问题，切实要求政府软件供应商按照政府标准提升软件安全性，包括要求开发人员保持对软件更大可见性、公开安全数据、建立公私合作过程等。

四是建立网络安全审查委员会。"行政令"指出需要设立由政府和私营部门共同主持领导的网络安全审查委员会，负责审查和评估影响联邦信息系统或非联邦系统的重大网络事件、威胁活动、漏洞、修复活动和机构响应情况等。委员会成员包括国防部、司法部、网络安全与基础设施安全局、国家安全局和联邦调查局的代表，以及由国土安全部长确定的私营网络安全或软件供应商代表。

五是使《联邦政府应对网络安全漏洞和事件的行动手册》标准化。"行政令"指出当下联邦政府用于识别、补救和恢复网络安全漏洞和事件响应的程序存在因机构而异的现象,严重阻碍了联邦政府对漏洞和事件的处置能力。该标准手册应确保所有联邦机构达成一致,采取统一步骤来识别和减轻威胁。该手册必须对应美国国家标准技术研究院标准流程,可被所有联邦政府文职行政部门使用,在事件所有响应阶段明确进度和完成情况,同时具有一定的灵活性,以便支持各类应急活动。

六是加强联邦政府网络中网络安全漏洞检测能力。"行政令"指出,联邦政府应最大限度及早发现网络中的网络安全漏洞和事件,联邦民事机构应部署端点检测和响应(EDR)计划,以对联邦政府基础设施内的网络事件主动检测、主动扫描、遏制和修复,以及响应事件。

七是提升联邦政府的调查和补救能力。"行政令"指出联邦信息系统的网络系统日志信息对调查和补救网络事件是非常重要的。各机构及其IT服务商必须收集和维护这类数据,并在处理网络事件时向国土安全部和联邦调查局提供这些数据。

2. 现实意义

"行政令"的现实意义包括:一是积极鼓励联邦和私营机构共享信息,做政府网络安全事件的"吹哨人";二是要求政府重视"零信任"环境,零信任未来将成为美国政府新的网络架构;三是"行政令"是美联邦政府迄今为止保护软件供应链安全采取的最强劲举措。

12.1.3 《联邦信息安全现代化法案》

美国政府自 1997 年将信息安全列为联邦政府的高风险领域以来，联邦政府的信息安全问题就备受关注。2002 年，布什总统签署了《2002 联邦信息安全管理法》（Federal Information Security Management Act of 2002，FISMA 2002），该法案建立在美国已有信息安全法的基础上，为联邦机构的信息安全提供全面的政策和监督框架。根据 FISMA 2002，许多不同的联邦机构在执行法律框架方面发挥着不同的作用，但长期以来管理和预算办公室和国土安全部在 FISMA 中的角色和责任缺乏法律明确。2014 年，奥巴马总统签署了《2014 联邦信息安全现代化法案》（the Federal Information Security Modernization Act of 2014，FISMA 2014），强调了对联邦信息系统的持续监测，对安全威胁、风险和事件等的发现和处置。

1. 法案主要内容

FISMA 2014 主要涉及三方面内容：

一是规定了信息安全计划的主要内容。要求联邦各机构制订适用于本机构的信息安全计划，为联邦信息安全提供整体安全保障。法案明确提出，信息安全计划内容包括：①定期实施风险评估；②制定相关政策及流程；③制订安全保障计划；④开展信息安全培训；⑤检测评估策略有效性；⑥制定整改措施流程；⑦制定安全事件处理策略；⑧制订确保联邦信息系统持续运行的相关计划和流程。

二是明确联邦机构之间保障信息安全的主要职责。信息安全计划的实施主体是联邦机构，法案明确了联邦机构负责人、高级官员和首席信息官在保障信息安全方面的职责。具体包括：①机构负责人职责，即全面负责信息系统安全事务，包括提供与风险相匹配的安全保护，确保相关信息安全政策、流程、标准及指南被机构较好地执行和遵守，保证信息安全管理纳入本机构工作计划；给予首席信息官相应权力，配合落实信息安全要求；确保本机构执行相应培训，促使有关人员遵守相应政策、程序、标准及指南；监督首席信息官会同其他高级官员，就每年信息安全计划有关情况向负责人汇报，特别是整改措施的落实情况。②高级官员职责，即对信息和信息系统的非法授权访问、使用、泄露、破坏、修改或损毁等非法造作进行风险和危害评估；按照相关标准，确定信息和信息系统的安全保护等级；优化成本实施策略和措施将风险降低到可接受水平；对信息安全控制和技术进行定期测试和评估，确保其有效实施。③首席信息官职责，即确定一名高级信息安全官，负责具体落实首席信息官的任务。高级信息官应具备丰富的知识和实践经验，并能领导一个办公室，有效履行职责；负责信息安全计划的编写与更新；对信息安全政策、流程和控制技术的编写及更新，目的是满足实际需求；对担任信息安全重要职责的有关人员进行培训和监督；对联邦机构高级官员的相关工作进行协助，以履行职责。

三是提出保障措施，如制定标准、监督检查和应急处理措施等。具体包括：①制定相关标准指南，FISMA 2014 为协助各联邦机构有效地实施信息安全计划，明确授权国家标准技术研究院负责有关标准及指南的制定工作，以便为联邦机构落实标准提供技术保障。FISMA 2014 规定了标准及指南应包括的内容，依据系统面临的风险及应为其提供的保护强度，制定分类标准，制定对系统进行分类的技术指南，具体制定每类信息和信息系统所需的最低安全保护要求。

②明确监督检查措施，明确各联邦机构至少每年聘请一次独立的第三方测评机构，对本机构信息安全计划实施情况进行测评。具体评估工作落实由各联邦机构的督察官负责，各联邦机构需要提交年度测评报告至联邦预算管理办公室。授权联邦预算管理办公室主任全权负责对联邦机构 FISMA 2014 落实情况进行督察，并对相关违法行为进行问责。联邦预算管理办公室主任汇总各机构提交的报告，每年向国会报告各机构对 FISMA 2014 的执行和落实情况。③设立应急响应机构，FISMA 2014 要求联邦预算管理办公室成立联邦信息安全事件中心，及时为联邦机构信息系统运作人员提供技术援助，包括检测和处理安全事件等，对威胁信息安全的事件信息进行收集和分析，将信息系统现存的威胁和漏洞相关信息及时告知联邦信息系统运作人员，与 NIST、运作或控制国家安全机构的联邦机构或办公室协商信息安全事件及相关问题。

《2014 联邦信息安全现代化法案》修改主要集中在三个方面：①明确管理和预算办公室及国土安全部的角色和责任，以确保该法规适当反映每个机构当前的职能，以及各自的专业知识和资源；②将对机构的书面要求转变为更加自动化和持续的安全态势要求来提高安全性；③加强透明度和问责制，对联邦数据泄露的管理和对向国会和公众报告的方式进行重大改进。同时，补充了"约束性操作指令""事件""情报界"和"秘书"的术语定义。

2. 法案现实意义

该法案定义了一个框架来保护政府信息、资产和运营免受来自美国境内外的威胁。FISMA 生效至今已满二十年，美国政府在此期间曾着手对 FISMA 进行了多次更新和修订，使其成为美国政府的一部基础性法规，规定联邦政府网络安全的角色和责任，在实际操作中切实指导了联邦各部门制订、记录和实施保护其信息和信息系统的计划，是美国网络安全法规历史上的里程碑。

12.2 主要特点分析

美国近年出台的法案和行政令总体呼应了其战略中对美国核心利益的维护，通过明确机构、职责及手段等内容综合提升美国网络空间安全，呈现以下两个特点。

一是强调联邦网络安全现代化。联邦政府的网络安全一直是美国网络空间安全的第一阵地，《联邦信息安全现代化法案》利用立法手段将政府信息安全管理制度化和体系化，基于安全风险管理确保政府信息安全，从"合规遵从"走向"持续监测"；第 14028 号行政令《提升国家网络安全》提出关于联邦政府网络安全现代化的要求，包括更新和实施更强的网络安全标准、采用零信任安全模型和加快向安全云服务的转移等。

二是突出网络威胁信息共享。美国近年发布的重要法案均凸显了对网络安全威胁共享的重视，通过明确各种范畴、职责和机制手段，旨在提升网络威胁情报共享能力，增强国家网络防御实力。例如，《2015 网络安全法》提出单独法案明确网络安全信息共享主体、范围、目的和性质等，为私营部门和联邦政府建立了自愿共享机制。第 14028 号行政令《提升国家网络安全》要求政府和私营部门之间消除威胁信息共享的障碍，进一步强化公私合作，加强网络安全威胁信息共享。

三是主张基于风险的网络安全方法。《联邦信息安全现代化法案》是基于风险管理理念提出的对联邦政府网络安全的要求,而《加强美国网络安全法》更是将国家网络主管等高级网络官员的职责写进法典,要求政府采取基于风险的网络安全方法。可见基于风险管理的方法是美国对联邦网络安全管理所坚持不变的。

第 13 章
美国网络空间部门机构重点法规

13.1 美国国防部（DoD）法规条令

美国国防部层面的法规条令主要涉及五类：国防部指令（DoD Directives，DoDD）、国防部指示（DoD Instruction，DoDI）、国防部细则（DOD Manual，DoDM）、指令性备忘录（Directive-Type Memorandum，DTM）、行政指示（Administrative Instruction，AI）。其中，国防部指令（DoDD）是美国国防部最基本的政策文件，包括政策制定、权力委派和职责分配，内容一般不超过 12 页；国防部指示（DoDI）是对国防部指令（DoDD）执行的具体办法和细化补充，内容一般不超过 50 页；国防部细则（DoDM）是针对国防部指令（DoDD）和国防部指示（DoDI）政策更加具体翔实的工作程序，内容一般不超过 100 页；指令性备忘录（DTM）则针对时间优先级较高的紧迫事件，后续可转化为国防部指令（DoDD）、国防部指示（DoDI）或国防部细则（DoDM），内容一般不超过 20 页；行政指示（AI）是针对国防部指令（DoDD）或国防部指示（DoDI）中涉及华盛顿总部服务处（Washington Headquarters Services，WHS）的事项制定的政策，内容一般不超过 50 页。

13.1.1　DoDI 8500.01《网络安全》

2014年3月14日，美国国防部发布《网络安全》（DoDI 8500.01）（以下简称"指示"），并于2019年10月7日修改后生效。该指示规定在国防部所有系统中使用"网络安全"（Cybersecurity）一词，取代术语"信息安全保障"（Information Assurance，IA），指示侧重在关键任务系统中建立值得信任的网络安全方法。

1. "指示"主要内容

"指示"定位于为美国国防部建立网络安全方案，保护国防部信息系统和信息技术，着重强调十方面内容。

1）网络安全风险管理

国防部将实施多层次的网络安全风险管理程序保护国家利益、国防部运作能力及国防部信息企业级的个人、组织和资产。国防部在实现既定军事、情报和业务目标时，必须考虑IT、全球采购和分销中的固有漏洞及来自网络空间对手的威胁。所有国防部IT部门都将被整合到网络安全项目组，并由其管理潜在风险。从获得信息技术开始就开展风险管理，并在整个IT生命周期内进行权衡处理。

2）业务复原能力

根据任务的需求、优先级及角色和责任的变化，授权用户在任何时间和地点都可以获取信息和服务。从单个设备或软件到系统的安全态势被感知、关联，技术组件应该有能力重新配置、优化、自我防御，并在很少或不需要人工干预的情况下恢复。

3）集成和互操作能力

网络安全必须完全集成到系统生命周期中，并成为组织和国防部IT等组件中的可见元素。互操作能力将通过遵守国防部体系结构原则、采用基于标准的方法及所有国防部组件间共享任务需求的方式实现。为确保一个系统的安全态势不受互联系统漏洞的影响，国防部IT的所有互联系统都将进行风险共享。

4）网络空间防御能力

网络空间防御行动是在网络空间内采取的，以战胜已经或正在威胁IT系统网络安全的具体威胁，具体行动包括检测、定性、对抗、减轻威胁等。

5）效果

国防部机构通过本指示所述的综合决策和程序进行监督和管理来实施《网络安全》；根据对任务成果和战略目标的贡献，对绩效进行衡量、评估和管理；收集数据，以支持整个系统生命周期的网络安全管理活动。尽可能使用标准化IT工具、方法和流程，以消除重复成本。

6）信息保护能力

所有以电子格式提供的国防部信息都将得到机密性、完整性和可用性保护。

7）身份保护

在国防部自动化信息系统（IS）和平台信息技术（PIT）系统中，必须使用身份保护以确保安全。国防部将支持实现一个国防部范围内的公钥基础设施（PKI）解决方案，用于支持身份验证的生物特征将被管理。

8）信息系统保护

所有接收、处理、存储、显示或传输国防部信息的 IT 系统都将按照适用的国防部网络安全策略、标准和体系结构进行采购、配置、操作、维护和处理。与全球采购和分销相关的风险、信息系统固有的弱点或缺陷及通过错误设计、配置或使用而引入的漏洞将得到管理、缓解和监测。必须在整个系统的生命周期中确定和纳入网络安全需求，包括采购、设计、开发、测试、操作、集成、实现、作战、升级或替换所有支持国防部任务的国防部 IT 系统。

9）网络安全人员队伍管理

必须确定和管理网络安全员工队伍的职能，并对执行网络安全任务的人员进行适当筛选。必须确定合格的网络安全人员，并将其纳入系统开发生命周期的所有阶段。

10）合作伙伴管理

为支持与任务合作伙伴共享而建立的能力将通过本指示所述的综合决策结构和过程加以管理。国防部发起和提供的信息必须得到充分的保护，并有文件记录表明所需的保护级别。

2."指示"现实意义

"指示"旨在在美国国防部关键任务系统中建立值得信任的网络安全方法，提供贯穿 IT 系统全生命周期的网络安全解决方案和指导，以全面保护国防部信息系统和信息技术。

13.1.2 DoDI 8530.01《国防部信息网络运维的网络安全活动支撑》

2016 年 3 月 7 日,美国国防部出台《国防部信息网络运维的网络安全活动支撑》(DoDI 8530.01)(以下简称"指示"),2017 年 6 月 15 日该指示根据国防部指示《国防部首席信息官参考》(DoD Chief Information Officer)(以下简称《CIO 参考》)(DoDD 5144.02)的授权进行了修订,通过建立政策并分配职责,保护国防部信息网络(DODIN)。

1."指示"主要内容

一是阐述了主要目的。该指示文件支持联合信息环境(JIE)概念,如联合信息环境作战概念(CONOPS)等;支持组建网络任务部队(CMF),制定网络部队作战和使用概念,网络指挥和控制的演变,《联合网络空间作战条令》(JP3-12)中的网络空间作战理论,以及不断演变的网络威胁;支持风险管理框架(RMF)要求,以持续监控安全控制,确定国防部信息网络(DODIN)和运行环境变化的安全影响,并按照《国防部信息技术风险管理框架》(DoDI 8510.01)开展补救措施;取消负责指挥、控制、通信和情报的助理国防部部长。

二是明确适用范畴。该指示文件适用于国防部部长办公室、军事部门、参谋长联席会议主席办公室和联合参谋部、作战司令部、国防部监察长办公室、国防机构、国防部外勤活动和国防部其他所有组织实体;美国海岸警卫队将遵守本指示中的国防部网络安全要求、标准和政策;适用于 DODIN,包括国防部信息技术、操作控制系统和工业控制系统(ICSs);适用于受国防部云计算安全需求指南约束的商业云计算服务;适用于根据国家工业安全计划(NISP)经营的已获批准的国防承包商；在合同、协议备忘录、支持协议或国际协议规定的范围内，适用于与DODIN连接的合作伙伴系统；不改变或取代国家情报总监根据12333号行政命令和其他法律法规规定的有关保护敏感分隔信息（SCI）的现有权力和政策。

三是明确政策。该指示文件阐述了国防部政策对DODIN的相关规定，包括国防部保护DODIN和国防部信息；国防部整合技术和非技术能力，实施国防部信息网络行动和防御性网络空间行动（DCO）；国防部开展漏洞评估与分析、漏洞管理、恶意软件保护、持续监测、网络事件处理、DODIN用户活动监测（UAM）、预警智能和攻击感知预警（AS&W）；国防部网络操作和安全中心（NOSCs）及支持的网络安全服务提供商提供网络安全服务；国防部指定的网络安全服务提供商在提供网络安全服务时，网络安全服务提供者和系统所有者的安全责任将被明确记录；DODIN和连接任务合作伙伴系统的网络安全状态数据将在国防部之间共享，以保持DODIN态势感知。

2."指示"现实意义

国防部颁布DoDI 8530.01指示文件，进一步明确了国防部首席信息官、国防信息系统局等部门和任务伙伴关于保护国防部信息网络的具体操作职责，细化了对接任务合作伙伴系统的具体网络安全要求和国防部数据的保护要求，包括对运营或代表其运营系统的网络安全服务提供商的要求。同时，该指示文件还明确了国防部支持DODIN行动和防御性网络空间行动内部防御措施（DCO-IDM）所需采取的网络安全举措，以保护DODIN免受网络威胁。

13.1.3 DoDD 5144.02《国防部首席信息官参考》

2017年9月19日,美国国防部发布新版DoD 5144.02《国防部首席信息官参考》指令,对2014年11月21日的版本进行修订,更新了组织名称和参考文献。

1.《CIO参考》主要内容

《CIO参考》的主要目的是明确国防部首席信息官(CIO)责任、职能、关系和权限。指令分八个章节分别描述了目的、适用性、职责和职能、关系、权力、公开许可、变动摘要和生效日期,其中职责和职能、关系是指令的主要内容。

职责和职能方面,明确了国防部CIO是信息技术(IT)(包括国家安全系统和国防业务系统)、信息资源管理(IRM)和效率方面的首席参谋助理和国防部部长的高级顾问,负责与国防部信息企业相关的所有事务,包括通信、频谱管理、网络政策和标准、信息系统、网络安全、定位导航和授时(PNT)策略、支持国防部指挥与控制(C2)的国防部信息企业。指令通过20条细项进一步阐述了战略和政策制定、财政预算、架构设计、绩效评估和人员聘用等方面内容。

关系方面,以四条细项阐述了CIO所涉业务关联关系,包括:①CIO直接向国防部部长报告,并与其他国防部部长办公室官员、国防部各部门负责人和具有相关职责和职能的联邦官员协调和交换信息;②各军事部门的秘书将通过其组织的首席信息官与国防部首席信息干事协调和交流;③美国网络司令部司令通过美国战略司令部司令,与国防部CIO进行协调和交换信息;④其他首席参谋助理和国防部部门负责人将与国防部CIO就其职权范围内的权力、责任和职能相关的所有事项进行协调。

2.《CIO 参考》现实意义

美国是世界上最早建立首席信息官制度的国家，内在驱动力有两方面：一是源于 1995 年《信息技术管理改革法》，授权政府部门设立首席信息官；二是从美军信息化建设中汲取的经验教训，当时各军种、各政府部门信息系统五花八门。美国国会 1996 年通过的《信息技术管理改革法》修正案《科林格-科恩法案》中，对联邦政府的 CIO 职责进行了规定，同年，美国国防部任命首位国防部首席信息官。此后，1998 年美国总统批准的《信息技术：首席信息官的附加职责》修正案进一步明确了国防部和各军兵种 CIO 的附加信息技术职责。国防部 CIO 附加职责包括综合和评估信息技术和国家安全系统的经费预算，确保信息技术和国家安全系统在国防部的互操作，确保信息技术和国家安全系统标准化，避免应用于军兵种部和国防部内部及部门之间的信息技术和国家安全系统的重复建设。对比而言，《CIO 参考》对 CIO 职责和职能仍然严格遵循上述四个方面，但对 CIO 业务接口关系进行了更加详尽的说明。

多年来，以《CIO 参考》为主要依据建立起来的国防部首席信息官制度，在提高国防部战略管理效能、降低成本方面已经发挥了相当重要的作用。2019 年，经美国国会同意，国防部 CIO 权利进一步上调，并拥有对所有国防预算的年度审核权。说明在未来，国防部 CIO 作为美军网络信息体系的主导者，通过政策制定、确定标准、财政投入等多种手段，将进一步强化美军网络信息体系的质量和水平。

13.2　美国国家安全系统委员会（CNSS）重点法规

国家安全系统委员会（CNSS）由国防部首席信息官（DoD CIO）主持工作，负责国家安全系统（NSS）的保护工作，成员来自21个具有投票权的美国政府部门和机构的代表，包括中央情报局、国防情报局、国防部、司法部、联邦调查局、国家安全局和国家安全委员会，以及所有美国军事部门。CNSS负责讨论政策问题，为美国政府、其承包商或代理运营的信息系统制定国家政策、操作程序和指南，这些信息系统包含机密信息、情报活动、与国家安全相关的密码活动、军队指挥和控制，以及作为武器或武器系统不可或缺的一部分设备，或者对直接完成军事或情报任务至关重要的设备。自CNSS成立以来，在人员培训、人员培训标准、产品使用、产品管理、卫星及空间系统保护、网络安全防护、密码设备防护、通信安全防护等领域共发布了70多项政策、指令和指南文件，推动了联邦NSS、联邦非NSS和非联邦体系之间的网络空间安全合作。

CNSS每年都会发布各类CNSSP政策，包括CNSSP1：国家保护和控制通信安全措施材料的政策；CNSSP3：国家授予访问美国密码信息的政策；CNSSP7：关于使用商业解决方案保护国家安全系统的政策；CNSSP8：向外国政府转换和释放密码、技术安全材料、信息和技术的政策；CNSSP10：关于在信息安全应用中使用经批准的安全容器的国家政策；CNSSP11：信息保证（Information Assurance，IA）和IA支持的IT产品购买政策等关于美国国家信息系统安全的国家政策。

CNSSP-24《国家安全系统信息共享保障政策》

2010年5月，国家安全系统委员会发布《国家安全系统信息共享保障政策》（CNSSP-24）（以下简称"政策"），该政策为国家安全系统（NSS）建立了保证信息共享的策略，适用于拥有或运维国家安全系统的联邦政府部门和机构，以及代表联邦政府部门或机构运维国家安全系统的实体。该政策的权威性来源于第42号国家安全指令概述的NSS的作用和责任，以及2002版《联邦信息安全管理法案》相关章节的内容。

1."政策"主要内容

《国家安全系统信息共享保障政策》框定了各联邦政府部门和机构应实施的七项具体信息共享措施：

一是通用策略。开发监督安全域内及安全域间信息共享的决策过程；最大限度地利用现有信息保障策略和流程；保障信息隐私。

二是治理策略。建立一个政策框架，使国家安全系统委员会（CNSS）内部成员和观察员部门和机构之间能够共享信息；建立治理流程，以逐步灌输公共过程、实践和标准。

三是架构策略。使用联邦企业体系架构（FEA）和相关国家标准和技术协会标准，开发国家安全系统信息技术和信息保障体系结构；确保各部门和机构参考FEA安全和隐私配置文件（FEA SPP）；将NSS的数据、组件、系统和服务级别合并信息保障控制，以管理风险和保护隐私，允许跨安全域共享信息；将全面的信息保障功能（如机密性、完整性等）集成到NSS，以促进信息共享；将信息保障和信息共享保障（AIS）原则纳入NSS开发生命周期伊始，以确保从一开始就将影响工程需求和充分考虑信息安全的最佳方法引入程序中。确保信息共享保障（AIS）在现有的部门或机构特定的 NSS 信息保障项目中得到解决；基于应用于整个 NSS 的通用标记、检索和传播标准，通过可发现性、可访问性和可用性促进信息共享。

四是信息保障风险管理策略。根据 CNSS 第 22 号政策，制订、建立并实施内部保险风险管理计划；将从演习、风险评估和生存能力评估中吸取的教训整合到需求和程序中，以推进 NSS 的信息共享保障（AIS）；遵循支持整个 NSS 用户社区互惠的安全控制评估流程、程序和标准。

五是技术策略。根据 1996 年的《克林格-科恩法案》和《国家信息保障采购政策》，当可用的商用现货（COTS）或政府现货（GOTS）产品可互操作、具有成本效益，并满足 NSS 的信息保障和信息共享保障（AIS）要求时，将其作为首选；遵循现有 CNSS 安全授权流程、CNSS 第 6 号策略，以及安全分类和控制选择流程、CNSS 第 1253 号指示，实现支持策略选择的信息保障控制；最大限度地识别和使用联邦或行业信息共享最佳实践标准、技术和业务流程，提高信息共享的有效性。

六是资源策略。根据管理和预算办公室（OMB）A-130，计划、规划和预算适当的资源来维护和现代化 NSS 的信息共享保障（AIS）能力；确保所有与 NSS AIS 能力相关的采购在所有阶段都考虑了信息保障生命周期的要求，与业务需求和任务一致。

七是文化策略。将信息共享保障（AIS）培训、教育和 NSS 意识项目整合到现有的信息保障（IA）和安全意识培训中；组织应考虑建立激励机制和其他计划，以鼓励和奖励 AIS，使其能够转变为一种支持与授权实体共享和提供责任的文化。

第13章 美国网络空间部门机构重点法规

同时，该政策还明确了联邦机构信息共享保障的相关责任和例外情况。

2."政策"现实意义

该政策文件在美国国家安全系统近十年的信息安全共享保障方面发挥了指引和启示性的重要作用。根据美国现行法律及相关规定，国家安全系统（NSS）指由美国政府机构或其承包商运作使用，发挥以下作用的信息系统及电信网络系统：①与美国情报活动，国家安全相关密码活动，军事部队指挥控制，构成武器系统、军事或情报任务实施密切相关的；②由美国政府行政命令或美国国会立法确定，涉及美国国防或外交政策利益的。可见，国家安全系统的信息共享保障关乎美国国防及外交利益，该政策在实操层面给出的详细政策指引，为美国情报、指控、武器系统等任务的信息共享保障奠定了坚实基础。

13.3 美国国家标准与技术研究院（NIST）重点标准

NIST是商务部直属机构，从事物理、生物和工程方面的基础和应用研究，以及测量技术和测量方法的研究，提供标准、标准参考数据及相关服务。NIST下设计算机安全资源中心（CRCS），该中心负责制定及发布有关NIST的网络安全和信息安全相关项目、出版物、新闻和事件的信息，并支持美国和国际上的政府、行业和学术界的人员和组织。CRSC由计算机安全部和应用网络安全部组成，计算机安全部负责密码技术、安全工程和风险管理等，应用网络安全部门负责网络安全和隐私应用、国家网络安全卓越中心和国家网络安全教育计划。

NIST 发布的文件包括：①FIPS 协议，联邦信息处理标准。②SP 系列出版物，包括指南、技术规范、建议和参考资料，涵盖多个子系列，包括 SP 800 系列计算机安全标准、SP 1800 网络安全实践指南、SP 500 信息技术；NIST 内部和机构间报告；NIST 网络安全白皮书等。③IR 类（NISTIR），即 NIST 内部或机构间报告，主要是研究结果报告，包括 FIPS 和 SP 的背景信息。④NIST 网络安全白皮书，指未作为 FIPS、SP 或 IR 发布的一般白皮书、文章及与网络安全和隐私相关的官方论文。⑤NIST 信息技术实验室（ITL）公告（1990—2020），包括 NIST 安全和隐私出版物、计划和项目的月度概述。

NIST 在信息技术与网络安全方面有九大重点研究领域：①网络安全和隐私保护，包括主导和参与制定国家及国际标准，加强在物联网标准化工作方面的参与度。②风险管理，包括下一代风险管理框架（RMF）、隐私工程和风险管理、NIST 网络安全框架、受控非机密信息、系统安全工程、网络供应链风险管理（C-SCRM）。③密码算法及密码验证，包括后量子密码、轻量级密码、密码模块测试。④前沿网络安全研究及应用开发安全，包括使用虚拟机管理程序的漏洞数据进行取证分析、智能电网网络安全、电子投票系统的安全性、区块链技术和算法安全。⑤网络安全意识、培训、教育和劳动力发展，包括国家网络安全教育倡议（NICE）、网络安全资源共享、网络安全可用性。⑥身份和访问管理，包括数字身份管理、个人身份验证。⑦通信基础设施保护，包括蜂窝和移动技术安全、5G 安全、国家公共安全宽带网（NPSBN）、零信任架构、改善安全卫生、安全域间路由（SIDR）、传输层安全（TLS）。⑧新兴技术，包括物联网

(IoT)网络安全、人工智能(AI)。⑨先进的安全测试和测量工具,包括自动化组合测试、国家漏洞数据库(NVD)、开放式安全控制评估语言(OSCAL)、网络风险分析、计算机取证工具测试(CFTT)、国家软件参考库(NSRL)。

13.3.1 NIST SP 800-27《零信任架构》

2020年8月,NIST发布《零信任架构》(SP 800-207),此为NIST网络安全卓越中心"实施零信任体系架构"项目发布的全球首个零信任架构设计领域的指导文件。

1. 主要内容

一是提出零信任网络架构。一方面,对零信任架构的设计和部署需遵循的基本原则进行了详细解析;另一方面,对零信任视角的网络进行了详细解析,以便于实施零信任战略的企业在网络开发中遵循关于网络连接的基本原则和假设。

二是明确零信任体系架构的逻辑组件。在企业的实际应用中,构成网络部署的逻辑组件很多,可以通过本地服务或基于云的服务来操作这些组件,因此,指导文件对这些组件及其相互作用的基本关系进行了描述。

三是阐明部署场景及示例。大多数企业的网络基础架构已经具备了零信任的部分要素。因此,指导文件对企业易于运用和可以轻松部署的零信任体系架构示例进行了进一步的详细说明。

四是指出与零信任架构相关的威胁。任何企业都不能完全消除网络安全风险,零信任网络架构可以减少与现有网络安全政策及指南、身份访问管理、持续监控、一般网络卫生共用时整体风险的暴露且防御共同威胁。当然，不能否认的是，其本身也存在独特的威胁风险。

五是明确零信任架构与现有联邦政策指南的关系。现有的联邦政策指南与零信任的战略规划、部署及运用交叉时，零信任架构可以加强组织的安全态势并且共同防护威胁。

六是说明如何迁移到零信任架构。零信任架构的实施是一个持久的战略课题，并不是简单的基础设施和流程的大规模替换。组织应该对零信任原则、流程的变更、保护高价值数据资产的技术解决方案进行逐步实现。

2. 现实意义

该标准首次从官方角度提出了零信任的标准定义和实践领域技术架构，对零信任的安全理念进行了特别强调，还指出了实现零信任架构目前使用的软件定义边界、身份与访问管理和微隔离三项技术。对于当前网络安全领域最重要和前沿的理念，零信任指导的发布具有非常重要的指导意义。

13.3.2 NIST SP 1800-35A-E《实施零信任体系架构》系列出版物

传统的网络安全侧重于边界防护，但随着技术的演变，边界的定义已不像以前那样清晰，现代数字企业需要随时随地安全地访问企业资源。2020年10月，NIST网络安全卓越中心与行业合作启动了"实施零信任体系架构"项目，旨在加强端到端零信任架构的实施，帮助行业和政府降低网络攻击风险。项目展示了集中应用于本地和云中传统、通用企业信息技术基础设施的零信任架构方法，这些方法将根据 NIST 特别出版物《零信任架构》（NIST SP 800-207）中描述的概念和原则进行设计和部署。重要的是，项目在实施过程中发布了多份标准（实践指南），描述了实施零信任网络安全参考设计所需步骤：NIST SP 1800-35A（执行摘要）、NIST SP 1800-35B（方法、架构和安全特性）、NIST SP 1800-35C（操作指南）、NIST SP 1800-35D（功能演示）、NIST SP 1800-35E（风险与合规管理）。最终将形成一份完整的 NIST 网络安全实践指南。

1. 标准主要内容

零信任架构支持基于组织定义的访问策略，对位于本地和云中的资产（机器、运行在其上的应用程序和服务及相关数据和资源）进行安全的授权访问。对于每个访问请求，零信任架构能够清楚地验证访问时可用的上下文，包括静态用户配置信息或非个人实体信息（如请求者的身份和角色），以及动态信息（如地理位置、请求设备的运行状况和凭据、资源的敏感性、访问模式异常及请求是否得到保证并符合组织的业务流程逻辑）。如果满足定义的策略，则创建安全会话来保护进出资源的所有信息。实时、基于风险的资源访问评估或访问模式异常检测，可以通过持续的策略评估来建立和维护访问。零信任架构还可以保护组织免受其用户和应用程序可能连接到的非组织资源的侵害，帮助阻止来自组织控制之外的威胁。

NIST SP 1800-35A 总结了实施零信任架构的驱动因素、组织应对的网络安全挑战、解决这一挑战的方法，以及解决方案对企业组织的帮助。

NIST SP 1800-35B 描述了零信任架构构建的内容及理由。

NIST SP 1800-35C 提供了构建此项目示例实现的产品安装、配置和集成说明的关键步骤。

NIST SP 1800-35D 提供了示例功能演示，用于展示零信任架构安全功能，以及使用每个示例的结果。

NIST SP 1800-35E 将通用零信任架构参考设计的逻辑组件映射到各种网络安全指南和实践文档列出的安全特征中。

2. 标准现实意义

零信任是一种网络安全策略，其重点是将基于边界的防御从宽泛的静态边界转移到相对窄的动态和基于风险的访问控制中，无论企业资源位于何处。该系列标准（实践指南）总结了如何使用商用技术构建可互操作的、基于开放标准的零信任架构，以保护传统的通用企业信息技术基础设施。标准通过发布示例来演示支持各种场景的零信任解决方案，以满足不同组织，以及组织中不同角色的安全需求。

13.3.3 NIST SP 800-30《风险评估实施指南》

随着联邦信息系统认证认可制度从静态管理到持续监控战略的转变，FISMA 风险管理框架也相应得到了改进和完善。为配合 FISMA 新的风险管理框架的实施，NIST 启动了相应标准和指南的修订工作，主要包括 SP 800-39/37/53/53A/30 等。2011 年 3 月 1 日，NIST 发布了《管理信息安全风险从组织、使命和信息系统的视角》（NIST SP 800-39）最终版本，它被称为在 FISMA 要求下进行联邦信息系统风险管理的"旗舰性文件"。2011 年 9 月，NIST 发布了 SP 800-30 的修订公开草案，标准名称修改为《风险评估实施指南》（Guide for Conducting Risk Assessments）（以下简称"指南"）。

1. "指南"主要内容

SP 800-30 介绍了风险评估相关概念等基础知识，重点给出了风险评估准备、实施等方面关键活动过程的指南信息。为便于个人或组织使用该标准进行风险评估，标准中还提供了有关威胁源、威胁事件、脆弱性和诱发条件、发生的可能性、影响、风险及风险的优先顺序等支持性附录，以供参考使用。SP 800-30 中给出的信息安全风险评估过程包括：①风险评估过程的高层次概述；②准备风险评估的必要活动；③实施有效风险评估的必要活动；④将风险评估结果保持在一个持续稳定的基础上所必要的活动。通常，风险评估过程分为三个步骤：准备、实施和维护。每个步骤还可以进一步细分为许多任务。

2. "指南"现实意义

NIST 的该版风险评估实施指南是对风险评估过程的详细描述，从通用的风险评估三步骤（准备、实施和维护）出发，对每一步骤包含的主要任务进行了细分和描述，有利于联邦组织依据此标准开展风险评估工作。从 FISMA 实施的整体背景来看，SP 800-30 仅是其中有关风险管理的一部分内容，但鉴于风险评估在整个风险管理活动中的重要性，此标准对理解 FISMA 风险管理框架的实施具有非常重要的参考意义。

13.3.4　NIST SP 800-61《计算机安全事件处理指南》

2012年8月，美国国家标准技术研究所（NIST）发布了《计算机安全事件管理指南》（NIST SP 800-61）（以下简称"指南"），该指南为安全工作人员提供了计算机安全事件处理指南，帮助组织建立计算机安全事件响应机制并高效有效地处理事件，特别是用于分析与事件相关的数据和确定对每个事件的响应，该《指南》可独立于特定的硬件平台、操作系统、协议或应用程序来遵循。

1."指南"主要内容

一是组织计算机安全事件响应能力。明确了涉及的几个重大决策和行动，提供了对建立事件响应能力的组织有帮助的指导方针，还提供了关于维护和增强现有功能的建议，包括登记安全事件及意外安全事件，事件应变需求，事件响应策略、计划和过程创建，与外部各方共享信息，事件响应小组结构、事件反应小组服务及客户推荐。

二是将事件响应过程分为四阶段：①准备阶段。事件响应方法通常强调的不仅是建立事件响应机制，还通过确保系统、网络和应用程序足够安全来预防事件。尽管应急响应团队通常不负责事件预防，但它是事件响应计划成功的基础，准备阶段提供了准备处理事件和预防事件的基本建议，包括应急处置准备、安全事件预防、检测和分析。②检测和分析阶段，包括攻击向量、事件信号、信号来源、安全事件分析、事件记录、事件分级、事件通报。③遏制、根除和恢复阶段，包括选择遏制策略、证据收集和处理、识别攻击主机、根除和恢复。④事后复盘阶段。包括经验总结、数据利用和证据留存。

三是协作和信息共享。事件响应协作最重要的方面是信息共享，即不同组织之间共享威胁、攻击和漏洞信息，使每个组织的知识对对方有利。因为相同的威胁和攻击经常同时影响多个组织，所以事件信息共享通常是互利的，在协作和信息共享方面该标准做了四方面指引，包括协作、信息共享技术、细粒度信息共享和客户推荐。

2. "指南"现实意义

计算机事件响应已成为信息技术（IT）程序的重要组成部分，与网络安全相关的攻击不仅变得越来越广泛和多样，而且更具破坏性。新型安全事件频繁出现。基于风险评估结果的预防性活动可以减少事件数量，然而并非所有事件都可以预防。因此，事件响应能力对于快速检测事件，最大限度地减少损失和破坏，缓解被利用的漏洞及恢复 IT 服务是必须的。NIST 的该版标准在联邦组织的安全事件处理方面提供了标志性的指引作用，为各组织制定相关策略、处理安全事件及组织间的协调提供了标准化全面指引。

13.4 美国国家安全局（NSA）重点指南

美国国家安全局（NSA）是美国政府情报机构，NSA 在信息保障方面的职责包括阻止外国敌对势力获取敏感或涉及国家安全的信息；在情报方面的职责包括收集、信息处理，实现国外收集情报和反间谍的目的。NSA 具备非常强的研究能力，组织撰写了《拥抱零信任安全模型》《网络基础设施安全指南》《信息保障技术框架》(IATF)等指南。

13.4.1 《拥抱零信任安全模型》

2021年2月25日,美国国家安全局(NSA)发布有关零信任安全模型的指南《拥抱零信任安全模型》(Embracing a Zero Trust Security Model)(以下简称"指南")。由于NSA在美国联邦网络空间安全方面侧重于涉密侧和进攻侧,敏感度相对较高,该指南的发布,可视为NSA对零信任的明确态度。

1. "指南"主要内容

"指南"中重点内容涉及"使用中的零信任示例"及"零信任成熟度"两部分。

1)使用中的零信任示例

一是关于泄露的用户凭据。在此示例中,恶意网络行为者试图窃取合法用户的凭据并尝试访问组织资源。在这种情况下,恶意行为者试图使用未经授权的设备,或者通过远程访问的方式,或者利用已经加入组织无线局域网的恶意设备的方式。在传统网络中,仅通过用户凭据就足以授予访问权限。在零信任环境中,设备是未知的,因此设备是无法通过身份验证和授权检查的,进而被拒绝访问并记录下恶意活动。

二是关于远程利用或内部威胁。在此示例中,恶意行为者通过基于互联网的移动代码利用,入侵用户设备,或者行为者是带有恶意图的内部授权用户。在传统非零信任场景中,行为者使用用户凭据、枚举网络、提升权限,以在网络中横向移动,破坏大量数据存储,并尽量实现持久化破坏意图。在零信任网络中,失陷的用户证书和设备都被默认是恶意的,除非可以证明其清白;网络也是分段的,进而限制了枚举和横向移动的机会。在成熟的零信任环境中,数据加密及数字权限管理可通过限制可访问数据和可对敏感数据采取的操作类型,来提供额外保护。此外,分析能力可持续监视账户、设备和网络活动及数据访问中的异常情况。

三是关于供应链受损。此示例中,恶意行为者将恶意代码嵌入流行的企业网络设备或应用程序中。设备或应用程序已经按照最佳实践要求,在组织网络上进行了维护及定期更新。在传统网络架构中,设备或应用程序都是内部的,可以完全信任。此种类型的失陷可能导致特别严重的后果,因为这里面隐含了太多的信任元素。在零信任架构成熟度实现中,设备和应用程序都是默认不可信的,由此获得了真正的防御效果。设备或应用程序的权限和对数据的访问都将受到严格控制和最小化监控,分段将会依据策略强制执行,分析将会被用来监控异常的情况。尽管设备可能下载已经签名的应用程序更新,但是设备在零信任下允许的网络连接将会采用默认拒绝安全策略,因此,任何连接到其他远程地址进行命令和控制(C&C)的尝试都可能会被阻止。

2)零信任成熟度

"指南"指出,零信任实施需要时间和精力,不能一蹴而就。因此,一次性过渡到成熟的零信任架构是完全没有必要的。将零信任功能作为战略计划的一部分逐步整合,会降低每一步的风险。随着零信任实现的逐步成熟,增强可见性和自动化响应,将使防御能力跟上威胁发展。NSA建议将零信任工作规划为逐步迭代的成熟路线图,从初始准备阶段到基本及中高级阶段,随着时间推移,网络安全保护、响应和运营将得到改进。

2."指南"现实意义

"指南"中提到,NSA 正在与国防部一同试验零信任系统,协调现有国家安全系统和国防部计划的活动,制定附加零信任指南,支持系统开发人员克服国家安全系统、国防部、国防工业基础环境中集成的零信任挑战,将发布的附加指南、指导、简化零信任纳入企业网络过程中。

13.4.2 《网络基础设施安全指南》

2022 年 3 月 1 日,美国国家安全局发布网络安全技术报告《网络基础设施安全指南》(Network Infrastructure Security Guidance,以下简称"指南")。该指南面向所有组织提供最新保护 IT 网络基础设施的建议,涵盖网络设计、设备密码及密码管理、远程登录、安全更新、密钥交换算法,以及 NTP、SSH、HTTP 和 SNMP 等重要协议。

1."指南"主要内容

一是明确网络架构设计,"指南"明确了安全便捷和内部防护设备、网络系统聚类、移除后门连接 NSA、边界访问控制 NSA、网络访问控制方案 NSA、限制和加密 VPN、安全维护、认证授权审计、管理员信息、远程日志、远程管理、路由和接口端口等内容。

二是提出五点建议,包括:①采用多层防护机制以设计网络体系架构;②定期开展安全维护;③采用认证、授权及审计技术实现访问控制;④创建复杂口令的唯一管理员账户;⑤实施加密的远程管理和网络服务。

第 13 章　美国网络空间部门机构重点法规

2."指南"现实意义

一是强化组织领导，完善网络基础设施安全防护方面的技术指导。二是防范恶意网络攻击，提升关键基础设施的网络防护水平。三是补齐能力短板，走多元化的网络安全人才培养道路。

13.5　美国网络安全与基础设施安全局（CISA）重点法规

美国国土安全部下属网络安全与基础设施安全局（CISA）负责联邦层面网络安全，与其他联邦机构、州和地方政府及私营部门协调和共享有关网络威胁的信息，并致力于制定和实施网络安全政策、指南和标准，以保护国家关键基础设施网络安全，并为其他组织提供技术援助和指导。CISA 与联邦政府合作，提供网络安全工具、事件响应服务和评估功能等，CISA 高度关注漏洞和勒索软件的应对工作，根据美国法典发布了系列强制性"约束性操作指令"，自 2015 年开始每年均针对不同的威胁态势发布相应的指令，如《约束性操作指令 23-1》，主题是改进联邦网络的资产可见性和漏洞检测；同时，CISA 还针对联邦网安全事件和响应发布了《联邦政府网络安全事件和漏洞响应手册》等指南类文件。

新版《网络安全事件和漏洞响应手册》

2021 年 11 月 16 日，美国国土安全部（DHS）网络安全和基础设施安全局（CISA）发布新版《网络安全事件和漏洞响应手册》（Cybersecurity Incident & Vulnerability Response Playbooks，以下简

称"手册")。该手册旨在为联邦各部门网络事件响应建立标准的规范和定义集,确保联邦各部门采取统一步伐识别和缓解网络安全威胁。

1. "手册"主要内容

"手册"分为两部分:一部分用于网络安全事件响应,另一部分用于漏洞响应。"手册"不适用于涉密信息网络及国家安全系统威胁,有助于联邦民事机构以外的组织标准化事件响应实践。

"手册"为网络安全事件提供了一套标准化响应流程,并描述了美国国家标准与技术研究院(NIST)特别出版物(SP)800-61第2版中定义的事件响应阶段的流程和完成情况,包括准备、检测和分析、遏制、根除和恢复及事后活动。"手册"描述了FCEB机构在处理已确认的恶意网络活动时应遵循的程序,这些活动已被宣布为重大事件或尚未被合理地排除在外。事件响应可由多种类型的事件发起,包括但不限于:自动检测系统或传感器警报;机构用户报告;承包商或第三方ICT服务提供商报告;内外部组织部门事件报告或态势感知更新;第三方向已知受攻击基础设施报告网络活动、检测恶意代码、服务的损失等;识别潜在恶意或未经授权的活动分析或追踪攻击团队。

"手册"规范了机构应对紧急和高优先级漏洞的流程,标准化响应流程可确保联邦机构能够了解政府关键高危漏洞的影响。标准的漏洞管理流程包括:①识别阶段通过监控威胁流和信息资源来主动识别被利用漏洞,包括但不限于CISA/US-CERT国家网络威胁系统产品、安全漏洞总结等CISA资源,NIST国家漏洞数据库等外部威胁和漏洞流,以及内部SOC监控和事件响应。②评估阶段,确定漏洞并评估底层软硬件重要性。首先确定漏洞是否存在,然后使用

SSVC 等方法来评估底层的软件或硬件的重要性。现有的补丁和资产管理工具非常重要,可用于大多数漏洞的自动化监测。在评估阶段的最后,目标是理解环境中每个系统的状态,如不受影响;受影响,但是没有被利用的迹象;系统有漏洞,且系统被黑。③修复阶段,及时修复系统或环境中存在的漏洞。在大多数情况下,修复过程包含给漏洞打补丁。其他情况下,可采用的修复措施包括:限制访问;隔离有漏洞的系统、应用、服务和其他资产;对配置进行永久变化。④报告和通知阶段,共享漏洞利用信息可帮助联邦政府机构防御者掌握急需修复的漏洞。CISA 与其他联邦机构合作负责联邦机构(非军事)系统的整体安全。因此,CISA 需要了解已被利用的漏洞响应状态。相关机构需要根据联邦网络安全事件通知指南等向 CISA 报告。同时,CISA 也建议其他公私机构和企业参考该操作指南制定漏洞和安全事件影响最佳实践。

2. "手册"现实意义

"手册"作为美国联邦政府应对网络安全事件和漏洞问题的指南性文件,为联邦民事机构提供了一套标准流程,用于识别、协调、补救、恢复和跟踪影响联邦民事系统及数据的网络事件和漏洞,代表了其对安全事件及漏洞的网络安全防御的标准举措及具体实施做法。

事实证明,联邦政府组织间的合作是解决漏洞和网络安全事件的有效模式。基于以往事件的经验教训和行业最佳实践,网络安全与基础设施安全局(CISA)通过发布"手册"标准化共享实践,整合人员和流程,从而推动联邦政府网络安全响应实践良性发展。

美军网络空间作战概念及战略法规体系研析

13.6 美国国防信息系统局（DISA）重点法规

DISA 是美军的网络安全"保护神"，地位举足轻重。根据其最新 2022 年修订版 DoDD 5105.19《国防信息系统局》指令，DISA 的任务是为联合作战人员开展国防部信息网络（DoDIN）行动，确保在各作战域的杀伤力，从而保卫美国。DISA 计划、工程、采办、测试、现场、操作和确保信息共享能力、指挥和控制解决方案及全球企业级基础设施，以支持国防部和国家层面的领导。本节主要介绍《国防部零信任参考架构》。

2021 年 5 月 13 日，美国国防信息系统局（DISA）发布《国防部零信任参考架构（DoD ZT RA）》1.0 版（以下简称"架构"）。此架构为国防部大规模采用零信任设定了战略目的、原则、标准和其他技术细节，帮助增强美国国防部网络安全并保持美军数字战场信息优势。

1."架构"主要内容

一是明确战略目的。"架构"明确指出，国防部下一代网络安全架构是以数据为中心的，并基于零信任原则建立。"架构"主张以数据为中心，同时保持跨业务的松散耦合，最大限度地提高互操作性。同时，特别强调零信任是一种网络安全战略和框架，其将安全嵌入整个架构。美国国防部希望零信任实现的长远目标：①信息企业现代化，解决机构之间孤岛和隔阂问题；②安全体系架构极尽简化；③制定统一策略；④优化数据管理；⑤动态认证和授权。

二是提出五大原则、七大支柱。五大原则：①假设环境是敌对的；②假设失陷状态；③永不信任、始终验证；④显式验证；⑤统一分析。七大支柱：①用户；②设备；③网络/环境；④应用程序和工作负载；⑤数据；⑥可见性及分析；⑦自动化及流程编排。

列出适用标准。"架构"列出了适用于每个零信任支柱解决方案的标准。清单包括技术标准、相关法律、法规或政策及战术、技术和程序，一共 63 个，其中绝大多数为技术标准。

开发能力视图和操作活动模型。这一部分可以视作"架构"的集中贡献成果，"架构"描述了各项能力和支持这些能力的操作活动之间的映射关系、各项功能及支持这些功能的业务之间的映射关系，形成视图结构，从而确保业务与所需功能相匹配。

2. "架构"现实意义

首先，"架构"内容全面清晰，留有很大的优化迭代空间，为将来不断融入行业实践及工具和方法留有余地。其次，"架构"是对其他相关架构体系的一种继承和发展，DoD ZTRA 与其他架构体系既密切相关又各有侧重。最后，"架构"为国防部各机构的零信任解决方案提供高速可操作性。"架构"既回答了零信任的使命愿景和高层目标，又开发了可操作概念，对零信任的工程化落地具有现实的指导意义。

第 14 章 美军参联会及军种级条令

14.1 参联会条令

参联会的主要职责是平时向美国总统、国家安全委员会和国防部部长提出关于军队建设、国防发展项目与预算、采购需求评估、联合作战条令、联合训练政策等方面的建议；在战时制定军事战略、战略训令，制订后勤保障计划和军训动员计划；就军事预算、军事科研和武器装备提出建议，组织军兵种大规模演习等。参联会的联合参谋部七处（J-7）负责联合条令的编写与管理，J-7 下设的联合条令、教育和训练处是联合条令制定的管理者和国防部有关联合条令事务的主要发言人，联合条令、教育和训练处又下设专门负责联合条令事务的联合条令科。

14.1.1 联合条令体系

联合条令（Joint Publication，JP）是美军联合部队作战和训练的法规及指导性文件。随着新技术、新思想和新需求的不断出现，美

第14章 美军参联会及军种级条令

军联合作战理论也在发生变化。美军联合条令体系根据条令内容和特征的不同有三种划分方式。

一是根据作用的不同分为两类：第一类是联合纲要，该类条令主要阐述实施联合军事行动中的基本原则；第二类是联合战术、技术和作业程序，该类条令主要阐述联合军事行动的方法，包括基本原则及战术战法。

二是根据层次的不同分为三类：第一类是联合出版物顶层系列，主要包括 JP1 第 1 卷《联合作战》和 JP1 第 2 卷《联合部队》，JP1 第 1 卷提供了总体指导和意图，使用联合部队应对任何危机或突发事件的基本原则；第 2 卷提供了联合部队战略基本理论、国防部及其主要组成部分的职能，组织组建联合指挥机构和指挥控制机制的描述，以及实施全域联合作战、实现统一行动、开展全球军事战略和作战一体化的内容。第二类指"重要"出版物，主要包括 JP1-6 系列的纲领性联合出版物，该类主要阐述各军事行动中的战略和战役问题。其余为第三类，主要指各军种中涉及的战役、战术和技术程序等方面的问题。

三是根据内容的不同划分为 7 个系列：①JP 系列，全局性的战略问题；②JP1 系列，联合人事（目前只有 JP1-0 联合人事支持）；③JP2 系列，联合情报；④JP3 系列，联合作战；⑤JP4 系列，联合后勤；⑥JP5 系列，联合规划；⑦JP6 系列，联合通信。此种分类为美军对联合出版物最主要和最明确的分类。

其中，与网络空间关系密切的是 JP3 系列，目前共有 52 部，涵盖的内容广泛且丰富，涉及美军作战的方方面面，如国土防御、联合网络空间作战、联合电磁频谱作战和安全合作等。

14.1.2 参联会重点条令

2018年6月8日,美军参联会颁布了新的非密版《联合网络空间作战》(JP3-12)条令,为美军作战指挥官编制、执行计划命令,遂行网络空间作战提供指导(该条例最近一次更新是2022年12月19日,但内容并未对外公开)。2018年非密版的条令介绍了网络空间的特征、网络空间作战的核心活动、美军网络空间作战的力量组成、美国军队和政府相关部门在网络空间作战中的职责,以及网络空间作战计划、协调、执行和评估的流程。相比于2014年版,主要涉及五方面的修改:一是从秘密出版物变更为非密出版物,且另附一份保密附件;二是将美国网络司令部界定为职能作战司令部;三是合并原版中有关网络任务部队的论述,将各类任务部队的作用和职责按层次划分;四是深入阐述了网络空间作战指控关系;五是将信息职能作为联合职能进行阐述,加强对制订网络空间作战计划的论述。

1) 条令主要内容

2018版条令共分五部分:①概要;②网络空间和网络空间作战概述;③网络空间作战核心行动;④授权、任务和职责;⑤规划、协调、执行和评估。

一是对条令的概述。条令描述了网络空间的性质,阐述了如何将网络空间作战与其他作战集成在一起,介绍网络空间作战部队,概述了联合部队运用网络空间所面临的挑战,描述了网络空间作战的核心行动,以及与网络空间作战相关的授权任务和职责,并讨论了网络空间作战的规划、协调、执行和评估。

二是明确网络空间与联合作战的关系。联合作战的很多方面都依赖网络空间，网络空间作战是网络空间能力的运用，主要目的是在网络空间或通过网络空间实现目标。条令重点关注在网络空间或通过网络空间实施的军事行动。阐述联合参谋部、各作战司令部、网络司令部、各军种网络空间组成司令部、国防部各作战支援局的关系和职责，并构建网络空间部队和能力运用框架。指出网络空间对联合作战的影响体现在三方面：①网络空间能力为美国军方、盟友和合作国提供机会以在作战环境中获取和维持持久优势，并使美国经济和物理安全。②尽管网络空间作战可能能够独立创造战术、战役或战略效果从而实现目标，但指挥官仍需将大多数的网络空间作战与其他作战整合在一起，从而实现协同效果，以支持任务完成。③由于网络空间的复杂性，谁都不可能在全球范围内保持永久的网络空间优势，甚至保持局部优势都不切实际。网络空间独特的组成特性要求指挥官做好在降级的网络空间条件下遂行作战的准备，并且需要知悉所依赖的网络空间各部分状况，了解对作战规划和正在进行的行动的影响。

三是明确网络空间作战核心行动。指出网络空间作战包括国防部在网络空间或通过网络空间遂行的军事行动、国家情报活动和日常业务。其中，网络空间作战的军事部分是唯一受联合条令指导的部分，也是JP3-12的重点所在。各作战司令部司令和各军种利用网络空间作战在网络空间或通过网络空间产生影响，以支持实现军事目标。

四是明确授权、任务和职责。明确美国武装部队采取的网络战行动是由美国宪法和联邦法律授权，并且每个联邦机构都需要与美国政府部门和组织协力配合履行职责。根据国防部部长的授权，国防部运用网络能力塑造网络空间，并为国家防御提供综合攻防选择方案。美国网络司令部与作战司令部、联合参谋部、国防部部长办公室、国土安全部、国防部网络犯罪中心、国防保密勤务处协作,并与其他美国政府部门和机构、国防工业基础单位建立联络。国防部依令部署必要的资源,以支援其他美国政府部门、机构和盟友的行动。

五是明确遂行联合网络空间作战的作战规划、协调及执行和评估流程。在规划阶段,指挥官应当为初步计划提供指导,规定时间限制,明确初步协调要求,在职权范围内授权部队调动,并在必要时指导其他行动。同时,需要保证网络战的同步协调。协调的关键是保持网络空间的态势感知、评估网络战对联合部队的潜在影响。网络战评估度量联合部队在完成任务方面取得的进展,指挥官持续评估作战环境和网络战的进展,并将其与自己的构思和意图进行比较。

2)条令现实意义

此条令是美军指挥官提供网络作战计划、协调和执行网络空间作战的操作性指南,进一步明确了网络任务部队(CMF)的职能,理顺了联合作战司令部、各军种网络联合部队、国防部信息网络联合部队,以及各类作战支援和防护分队等网络作战力量之间的指控关系和作战职责。

14.2 军种级条令

美国各军兵种通常会根据联合条令的精神制定本军种的作战条令。美军各军兵种的网络安全事务集中在陆、海、空和陆战队海军网络司令部。美参联会发布的《网络空间作战条令》(JP3-12)中指出,"网络司令部司令作为网络空间作战的协调人,负责规划、协调、整合和执行网络空间作战任务;各军种参谋长主要负责管理下属的网络空间作战部队;国家安全局负责提供情报支援和网络安全支持;国防情报局负责为网络空间作战提供军事情报支援"。

14.2.1 陆军重点条令

陆军条令是美陆军部队作战训练的法规和指导性文件。分为四类:第一类为条令,包括陆军条令出版物(Army Doctrine Publications,ADP)、野战手册(Field Manuals,FM)和陆军技术出版物(Army Techniques and Procedures,ATP),这些出版物涵盖"作战行动"或实践中计划、准备、执行和评估任务的方式。第二类为陆军法规和小册子,该类条令为行政主体提供政策和指导,规定了士兵和军官的"界限",如AR(Army Regulations)类条令。第三类为训练出版物,如TM(Training Materials)类,为特定任务提供指导。第四类为技术出版物,包括技术手册等,列出了特定设备的技术规格、维护说明和组件清单等。

1. 美陆军野战条令 FM3-12《网络空间作战和电磁战》

2017年4月,美陆军发布野战条令《网络空间作战和电磁战》(FM3-12)。条令指明了网络空间作战、网络空间任务、网络空间行动、电子战、电子频谱及它们彼此之间和与陆军所有作战行动之间的相互联系。2021年8月,此条令发布更新版本,取代2017版FM3-12,提供了协调、整合和同步陆军网络空间作战和电磁战的战术和程序,以支持统一的陆地作战和联合作战,为指挥官和参谋人员提供了关于陆军网络空间作战和各级电磁战的总体指导,适用于美国现役陆军、陆军国民警卫队和美国陆军预备役。

2021年版本条令主要内容和现实意义如下。

1）条令主要内容

一是概述了网络空间作战和电磁战如何在统一的陆地作战中支持陆军部队，提供了作战单元执行网络空间作战和电磁战时关于作战环境的内容，详细介绍了网络空间作战和电磁战如何支持陆军作战功能。

二是介绍了网络空间作战和电磁战的类型及其相关任务和共同影响，讨论了网络空间作战和电磁战与其他类型陆军作战之间的相互关系。

三是概述了网络空间作战和电磁战的联合组织和陆军组织。阐述了网络空间电磁活动中编队级的部门角色和职责，讨论了网络空间电磁活动组与其他工作人员组之间的相互作用。

四是描述了指挥官和参谋如何通过作战过程整合同步网络空间作战及电磁战，详细介绍了与战场情报准备、信息收集、目标定位、风险管理和知识管理相关的关键输入和输出。

2）条令现实意义

《网络空间作战和电磁战》（FM3-12）提供了陆军通过网络空间电磁活动将网络空间作战和电磁战整合并同步到作战中的理论，通过指令管理指定的电磁频谱部分，以支持统一的陆地作战。FM3-12定义并提供了对陆军网络空间作战、电磁战、法定和头衔授权、角色、关系、责任和能力的理解，以支持陆军和联合作战。条令扩展了陆军部队进行进攻性和防御性网络空间作战的方法，并解决了指挥官和工作人员如何在军事行动范围内整合定制的网络空间和电磁战能力。FM3-12 引入并支持联合网络空间作战和电磁战理论，并为解决陆军作战过程与网络空间作战和电磁战之间的关系提供理论支持。

2.《战略性网络空间作战指南》

陆军战争学院 2021 年 8 月发布《战略性网络空间作战指南》（Strategic Cyberspace Operations Guide，以下简称"指南"），为美国陆军战争学院的学生提供了指南，供其了解作战司令部（CCMD）、联合特遣部队（JTFs）和联合职能组成司令部的网络空间作战的设计、规划和执行。

1）"指南"的主要内容

"指南"较为详尽地概述了网络空间作战的政策、战略和指南，美国政府、国防部、联合和军种的网络空间组织，作战方法、涉及原则、联合作战中的网络空间作战及本土网络空间作战行动等。具体包括：一是概述了网络空间作战、作战设计方法及联合规划和执行内容；二是回顾了作战设计原则，并将这些原则应用于网络空间领域；三是回顾了联合规划过程，并确定了网络空间作战规划关注点；四是描述了联合作战期间的网络空间作战，包括执行，执行期间的网络空间作战和网络效果请求格式；五是概述了本土网络空间作战行动，包括国防部的本土使命、美国关键基础设施介绍、本土防御中的网络空间作战、国土安全部网络空间责任、司法部网络空间责任；六是通过附录 A 概述了网络空间政策、战略和指南，通过附录 B 描述了美国政府、国防部、联合和军种网络空间的组织。

2)"指南"现实意义

"指南"提供了整合和同步联合参谋部（JS）、作战司令部（CCMDs）、军种、联合部队、作战支援机构（CSAs）和其他国防机构的规划活动和行动的共同思路，为军事力量的运用和规划提供目标和重点，体现了美军在其网络空间作战人员培养方面知识体系的系统性和贴近作战实际的特点。

14.2.2 空军重点条令

空军条令体系按层次分为三个系列：

一是战略级系列条令。这个系列为编号第一个数字为"1"的出版物，即 AFDD1。该条令阐述空中与太空力量的基本要素，以及如何在军事行动中合理地使用空中和太空部队的基本原则，是所有空军条令的基础。

二是战役级系列条令。该类条令编号的第一个数字为"2"。这个系列条令是将基本条令的原则应用到具体军事行动中，并对空中和太空部队的编组及运用进行详细阐述。该系列根据作战样式分为 8 个领域：空战领域、太空作战领域、非战争军事行动领域、战斗支援领域、信息作战领域、空中机动作战领域、特种作战领域、指挥与控制领域。

三是战术级系列。这个系列条令编号的第一个数字为"3"。主要阐述对武器系统的使用、某个武器系统如何与其他系统配合使用等具体战术目标层面的内容。战术条令主要指空军战术、技术和程序类指令。

第 14 章　美军参联会及军种级条令

1. 美空军条令出版物 AFDP3-12《网络空间作战》

2023 年 2 月 1 日，美国空军颁布新版《网络空间作战》（AFDP3-12）条令。2010 年 7 月 15 日空军颁布首份《网络空间作战》条令，并于 2011 年 11 月 30 日进行第一次修订，此次是第二次全面更新。该条令是空军在网络空间作战的基础性纲领，正如空军第 21 任参谋长大卫·戈德芬在条令中所说："我们必须训练空军将空中、太空和网络能力与战略军事行动的所有其他要素结合起来。"新版条令的颁布是为了更好地落实国防战略，是加强联合作战和空军网络空间作战能力的具体体现。

1）条令主要内容

一是明确了网络空间相关基本定义和性质内容，对作战、威胁环境进行了分析。该条令主要指出了网络空间的基本性质，在这一作战环境中空军对网络空间作战和作战环境的理解，以及网络空间控制权的重要性。采纳了美参联会发布的《网络空间作战条令》（JP3-12）中规定的术语和标准，对网络空间作战相关的进攻性网络空间行动、防御性网络空间行动、国防部信息网络作战等基本概念进行了阐释。讨论了网络空间作战面临的挑战，包括网络系统、基础设施、技术产品带来的安全漏洞，归因溯源面临的困难等。概括了网络空间两大威胁，即恶意网络空间活动和不良网络空间活动。从空军视角总结了《美国国家网络战略》《国防部网络战略 2018》和空军部政策指令 17-2《网络空间-网络战行动》等战略政策对网络空间作战的影响。

二是阐释了网络空间部队的指挥、控制与组织关系，包括网络空间任务部队、下级司令部、国防部网络行动中心和网络安全服务提供商，特别指定了 5 个国防部网络空间作战部队行动小组。明确了空军在网络空间作战中的指挥控制流程，空军网络空间部队指挥官是美国网络司令部下属空军网络空间部队的高级空军作战人员，被指定为联合部队总部网络空间（空军）司令。网络空间任务周期是一个规划、协调、分配、执行和评估网络空间作战效能的迭代过程，空军通过实施网络空间任务周期，将美国网络司令部能力全球化，支持作战司令官战区目标、优先事项和意图。当支持作战司令部战区作战时，指挥官和规划人员应与相应指挥控制实体密切合作，以实现战区和全球行动的整合和同步。

三是阐明了网络空间作战的设计、规划、执行与评估。在设计规划方面，指出所有国防部作战条令的主要任务分配周期将根据联合出版物 5-0、联合规划、联合出版物 3-60 所定义的联合目标周期，以及联合出版物 3-30 中概述的空中任务、联合空中作战周期而定，每个组织的规划要素重点因特定任务设置或能力而不同，时机和速度是规划、使用和整合网络空间力量的关键考虑因素。在执行方面，讨论了多国军事行动中连通和互操作的重要性；网络空间行动对国土防御和民事机构防御的支持；以及在执行进攻性网络空间行动、防御性网络空间行动、国防部信息网络作战、协调机构间作战时需要考虑的方法、效益、力量组织和影响。在评估方面，概述了战术评估、作战评估和战略评估三种网络空间行动的评估方式及评估重点。

2）条令现实意义

《网络空间作战》条令（AFDP3-12）是空军在空中、太空和网络空间作战的指导性条令文件，是明晰网络空间作战职责权利，加强联合作战，提升空军网络空间作战能力的纲领性指导。代表的是顶层思想和实践，为空军人员提供可遵循的指导意见，要求空军保持网络空间优势。

2. 美空军部政策指令 AFPD17-2《网络空间-网络战行动》

2020 年 10 月 27 日，美空军发布新版政策指令《网络空间-网络战行动》（AFPD17-2）取代 2016 年 4 月 12 日的版本。指令的修改主要包括：①组织变化及职责划分；②将空军太空司令部重新命名为美国太空军；③定义了"网络战行动"一词；④正式将网络战行动任务的牵头司令部由空军太空司令部转为空战司令部，由太空军作为卫星通信的牵头军种，并对其职责进行了细化。

1）条令主要内容

一是概述条令的使命。该条令明确了空军在网络空间计划和实施进攻和防御效果的行动，以及在国防部授权下为作战部队提供信息的能力。条令强调，网络空间对空军部的所有行动都至关重要，而网络战行动是成功实现多域作战并支持作战司令部目标的关键。

二是阐明政策。明确空军在条令下具体遂行的网络空间作战行动，包括：①利用网络空间实施和支持空军部队联合作战的核心任务，促进联合部队获得网络空间优势；②为作战人员提供全球化、有保障、有弹性的卫星、机载和地面通信网络，支持空军部核心任务；③实施网络战行动，以满足联合作战人员的需求，提高其核心任务效能，增强其信息、系统和任务的弹性和生存能力；④通过该指令建立空中作战司令部，将其作为网络战行动的牵头司令部，具体负责组织、训练和装备任务，实施网络战行动；⑤该指令将美国太空军确立为空军部卫星通信的牵头军种，负责组织、训练和装备任务，以实施行动；⑥将网络战行动与电磁战、信息战、情报、监视和侦察等独立的活动及其他作战活动相结合，以产生信息化作战能力，支持作战司令部目标。

三是明确任务和职责。明确以下机构组织在参与网络战行动中承担的任务和具体职责：①负责情报、监视、侦察和网络效应行动的参谋长；②负责作战的副参谋长；③空军试验和鉴定总监；④副首席信息官；⑤总法律顾问和总检察长；⑥监察长；⑦空军司令部指挥官；⑧美国太空军；⑨空军司令部职能部门、主要司令部、直接报告部门和野战执行机构。

2）条令现实意义

条令提出用于规划和执行网络空间作战行动的 6 条政策，指导空军遂行网络空间任务，发挥联合部队作战的最大优势。包括：①利用网络空间为联合部队实现网络空间优势；②提供全球化、有保障、有弹性的通信网络，支持空军核心任务；③执行网络战行动，提高核心任务有效性；④建立空战司令部，空军负责训练和装备遂行网络战；⑤建立太空部队；⑥网络战与电磁战、信息战、信息系统技术结合以具备信息战能力。

14.2.3 海军重点条令

海军作战部长办公室和海军陆战队总部联合签发了各系列海军条令。海军条令从职能领域看，分为 6 个系列：海军条令出版物（Naval Doctrine Publication，NDP）系列包括总纲与参考性条令，其中 1 号条令《海战》（NDP1）为所有海军条令的基础；2 号条令《海军情报》（NDP2）是情报系列；3 号条令《海军作战》（NDP3）为作战系列；4 号条令《海军后勤》（NDP4）为后勤系列；5 号条令《海军作战计划》（NDP5）为计划系列；6 号条令《海军指挥控制》（NDP6）为指挥与控制系列。海军条令在层次上分为三个级别：战略级、战役级和战术级。战略级指 NDP 系列出版物，主要关注海军的职责、基本作战思想、作战原则等内容；战役级为海军战争出版物（Naval Warfare Publication，NWP），主要涉及任务和职能、部队编组即使用、作战支援等内容；战术级指战术、技术和程序类条令（Navy Tactical Techniques and Procedures，NTTP），重点涉及战术思想、武器平台的操作程序及使用方法、组织及能力和支援职能等内容。

海军教育和训练司令部（Department of the Navy Commander Naval Education and Training Command）目前负责条令的制定。海军网络安全相关条令较其他军种而言相对较少，如《海军教育和训练司令部网络安全政策》（NETCINST 5239.1E）是根据海军、国防部（DoD）和国家政策，为海军教育和训练司令部（NETC）制定的网络安全民事支援政策和程序，适用于所有 NETC 拥有或控制的信息系统，如国防业务系统（DBS）、平台（PIT）及其授权维护人员、管理员和用户，内容包括专业定位系统管理、国防工业基础管理的民事支援策略、民事支援评估和风险分析、年度安全审查和测试等。

本篇结语

完备的网络空间安全法规体系是建设网络空间的准绳和指引，美国网络空间重要的法规条令在世界范围内都产生了深远的影响，具有标杆效应和杠杆效应。一些国家除将美国网络空间重要的法规条令作为本国相关法规条令制定的参考外，还综合考虑其对本国网络安全的影响，从而在相应法规条令上做出适当反应，以平衡本国利益。本篇研究美国网络空间安全法规体系，从国家层面、部门机构层面、参联会及军种层面层层剖析、重点解读，并绘出美国网络空间安全法规条令体系图，以期观彼思己，为我国网络空间安全建设提供借鉴。

本篇参考文献

[1] 吕述望，丁峤，李长红. 网络慑服战的法律准备——透析"美国2015网络安全法"[J]. 网络空间安全，2017，8（1）：9-11.

[2] 闫晓丽. 美国《联邦信息安全管理法》修订思路及启示[J]. 保密科学技术，2014（2）：46-49.

[3] 耿贵宁，张向宏. 美国《2012网络安全法案》的解读与思考[J]. 保密科学技术，2012（12）：27-33.

[4] 刘环，乐海洋. 美国法律法规制定程序[J]. 世界农业，2006（2）：13-14.

反侵权盗版声明

电子工业出版社依法对本作品享有专有出版权。任何未经权利人书面许可，复制、销售或通过信息网络传播本作品的行为；歪曲、篡改、剽窃本作品的行为，均违反《中华人民共和国著作权法》，其行为人应承担相应的民事责任和行政责任，构成犯罪的，将被依法追究刑事责任。

为了维护市场秩序，保护权利人的合法权益，我社将依法查处和打击侵权盗版的单位和个人。欢迎社会各界人士积极举报侵权盗版行为，本社将奖励举报有功人员，并保证举报人的信息不被泄露。

举报电话：（010）88254396；（010）88258888
传　　真：（010）88254397
E-mail：　dbqq@phei.com.cn
通信地址：北京市万寿路 173 信箱
　　　　　电子工业出版社总编办公室
邮　　编：100036